원주율로 떠나는 오디세우스의 수학 모험

초등 5·6학년 수학동화 시리즈 ❺
원주율로 떠나는 오디세우스의 수학 모험

3판 1쇄 발행 2023년 10월 25일

글쓴이	노영란
그린이	김창희

펴낸이	이경민
펴낸곳	㈜동아엠앤비
출판등록	2014년 3월 28일(제25100-2014-000025호)
주소	(03972) 서울특별시 마포구 월드컵북로22길 21, 2층
전화	(편집) 02-392-6901 (마케팅) 02-392-6900
팩스	02-392-6902
이메일	damnb0401@naver.com
SNS	f ⓘ blog

ISBN 979-11-6363-736-3 (74410)
       979-11-6363-735-6 (세트)

※ 책 가격은 뒤표지에 있습니다.
※ 잘못된 책은 구입한 곳에서 바꿔 드립니다.

 도서출판 뭉치는 ㈜동아엠앤비의 어린이 출판 브랜드로, 아이들의 지식을 단단하게 만들어주고, 아이들의 창의력과 사고력을 키워주어 우리 자녀들이 융합형 창의 사고뭉치로 성장할 수 있도록 좋은 책을 만들겠습니다.

원주율·겉넓이·부피

원주율로 떠나는
오디세우스의 수학 모험

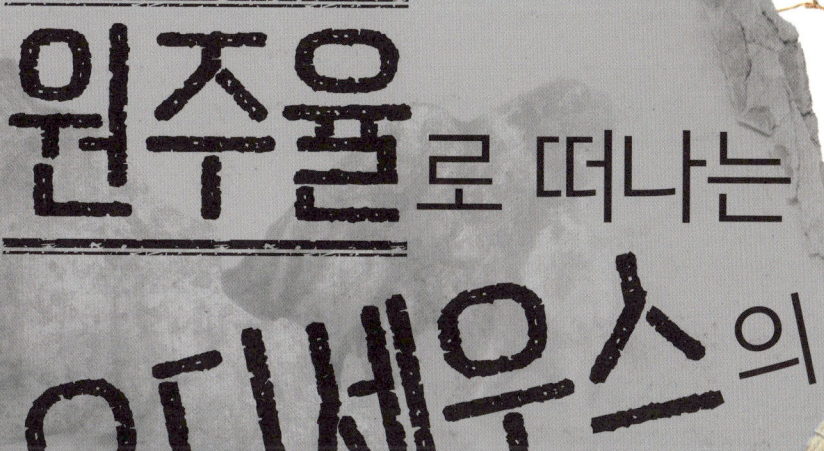

글 노영란 · 그림 김창희

또 하나의
스토리텔링
수학 교과서

추천의 글

　과학기술의 발전으로 급격히 변화하는 시대에 우리 자녀들을 창의력과 사고력을 갖춘 아이로 키우기 위해서는 어떻게 해야 할까요?
　현재 초등학생들이 고등학교에 입학하면, 문·이과가 통합된 '통합사회'와 '통합과학'을 이수해야 합니다. 통합과목이 도입되는 이유는 인문 계열 학생이 과학 교과를 소홀히 하고, 자연 계열 학생이 사회 교과를 소홀히 하는 현실을 바꾸기 위함입니다. 이에 따라 과정 중심의 평가가 이루어져 고교 수업에서 토의와 토론, 프로젝트, 탐구 등 활동 중심 수업이 확대될 것으로 예상됩니다.
　이러한 문·이과 통합 교육과정에 대비하기 위해서는 통합 교육과정을 소화할 수 있도록 초등학생 때부터 통합 사고력을 키워야 합니다. 〈초등 5·6학년 수학동화〉 시리즈는 이러한 교육과정에 대비한 스토리텔링 수학동화입니다. 스토리텔링 수학동화는 수리적인 우뇌와 언어 영역인 좌뇌의 성장을 골고루 촉진시켜 학습이 이루어지는 시냅스의 연결망에 흔적을 남기고, 훗날 교과서에서 배울 때 시냅스의 연결망이 자연스레 작동을 하게 해 사고력 신장에 강력한 도구라고 할 수 있습니다.
　흔히들 수학은 대단히 재미있고 매력적인 학문이라고 생각하지만, 어려운 기호와 수식들 때문에 많은 학생들이 수학을 어려워하고 심지어는 금방 포기해 버리는 경우가 많습니다. 〈초등 5·6학년 수학동화〉 시리즈는 『이상

『한 나라의 앨리스』, 『보물섬』, 『일리아드와 오디세이』, 『15소년 표류기』, 『로미오와 줄리엣』 등 널리 알려진 고전 속 주인공들이 등장하는 재미있는 스토리텔링 동화로, 이해하기 어려운 수학 문제들도 다시 살펴보게 하여 여러분을 신비한 수학의 세계로 안내할 것입니다. 호기심, 상상, 문제 해결 등이 어우러지는 〈초등 5·6학년 수학동화〉 시리즈 속 주인공들의 모습은 바로 수학의 모습과 같습니다. 당장의 결과에 연연하지 말고, 아이들이 여유를 가지고 수학을 만나게 하면 어떨까요? 아이들이 수학을 즐거워하면 더 바랄 것이 없겠으나, 수학을 싫어하거나 포기하지 않는다면 성공이 아닐까요? 이를 위해 아이들이 수학을 의식하지 않고 '스토리텔링'을 통해 수학을 편하게 만나게 하는 것은 해 봄직한 시도라고 생각합니다. 이 책이 바로 그러한 시도를 합니다.

〈초등 5·6학년 수학동화〉 시리즈 속 주인공들의 다음 여행을 기다리며, 자녀와 학부모에게 수학적으로 소통할 수 있는 가교의 역할을 하길 기대하면서 이 책을 추천합니다.

신현용
한국교원대학교 수학교육과 명예교수
2012년 ICME(국제수학교육대회) 조직위원장

작가의 말

　제우스, 헤라, 아테네, 아폴론, 아프로디테. 많이 들어 봤던 이름인가요? 그럼 이 이름들은요? 헥토르, 파리스, 아킬레우스, 오디세우스, 아가멤논, 메넬라오스……. 어디에서 들어 봤을까요? 네, 맞아요. 호메로스의 대서사시 『일리아드와 오디세이』에 나오는 신들과 영웅들입니다.
　『일리아드와 오디세이』는 B.C. 8세기 중엽에 호메로스가 쓴 장편 서사시입니다. 호메로스는 트로이 전쟁을 중심으로 신과 영웅의 세계를 보여 주는 「일리아드」와 트로이 전쟁 후 오디세우스가 귀향길에 겪는 모험을 노래하는 「오디세이」, 이 두 편의 서사시를 남겨 지금껏 많은 사람들의 칭송을 받고 있습니다.
　「오디세이」의 주인공인 오디세우스는 그리스 신화에 나오는 수많은 영웅 중의 하나로 이타카의 왕입니다. 특히 트로이 전쟁에서 그리스군 최고의 꾀돌이 지략가로 이름을 날렸고, 전쟁 후 귀향길에서 여러 바다를 떠돌며 온갖 신기하고 위험천만한 일들을 겪은 것으로 유명합니다.
　그런데 과연 오디세우스는 「오디세이」에서 묘사한 것처럼 위험천만한 모험을 겪으며 항상 침착하고 수월하게 문제를 해결했을까요? 저는 오디세우스도 우리와 똑같이 힘들 때 울고, 어려울 때는 다른 사람들에게 도움을 받을 줄도 알며, 무서움에 떠는 인간적인 영웅이라고 생각해요. 그래서 여기서는 오디세우스 말고도 문제를 너끈히 해결해 나가는 해결사 에우리마커스도 등장한답니다. 실제로 여러분은 이 책에서 평면도형의 넓이, 입체도형의 겉넓이와 부피, 원주와 원의 넓이 구하기 등을 오디세우스와 함께 해결함으로써 수학의 바다를 헤쳐 나갈 것입니다. 마주친 문제들을 해결해 나가면서 수학의 바다는 생각보다 깊지도, 넓지도 않다는 것을 느끼게 될 거예요.

자, 다 함께 수학의 바다에 한 번 풍덩 빠져 보시겠어요?

수학 교과서에 맞는 활용법

2012년 1월 교육과학기술부는 사고력과 창의력을 키우고, 수학에 대한 흥미와 긍정적 인식을 높이기 위한 〈수학교육 선진화 방안〉을 발표했습니다. 이 수학교육 선진화 방안의 일환으로 '스토리텔링 수학'이 도입되고 2013년부터 2015년까지 순차적으로 초등학교와 중학교 교과서가 개정되었습니다. 2022년 개정 교육과정에서 수학 교과서가 검정으로 바뀐 뒤 학교마다 다른 교과서를 사용하지만 기본적으로 꼭 알아야 할 성취 기준은 공통입니다. 또한 스토리텔링은 여전히 도입부에 사용되어 그 중요성을 인식할 수 있습니다.

스토리텔링 수학의 핵심은 수학을 단순히 연산능력이나 공식 암기로 생각하지 않도록 이야기를 활용해 쉽고 재미있게 배운다는 것입니다. 학생들에게 실생활이나 동화의 익숙한 상황을 제시해 수학에 대해 호기심과 흥미를 유발할 뿐 아니라, 더 나아가 수학에 대한 인식을 개선하고 스스로 학습하는 동기를 부여합니다. 예를 들어 수학을 실생활에서 이야기나 과학, 음악, 미술 등의 연계 과목과 함께 접목해 설명하면서 개념을 보다 쉽게 이해하게 하는 학습법입니다.

그럼 스토리텔링 수학은 어떻게 준비해야 할까요? 전문가들은 일상에서 수학적 요소를 파악하는 것에 재미를 느낄 수 있도록 체험 활동과 독서 활동을 추천합니다.

〈초등 5·6학년 수학동화〉 시리즈는 이러한 수학교육의 변화에 맞춘 학습 동화입니다. 아이들에게 익숙한 고전 속 주인공들의 이야기를 따라가다 보면 자연스럽게 학습 내용을 익히도록 구성되었고, 한 장이 끝날 때마다 앞에서 배운 내용들을 정리할 수 있습니다.

책 속 부록인 '미술에서 수학 읽기', '생활에서 수학 읽기', '예술에서 수학 읽기' 등은 생활 연계 통합교과형 수학에 부합하도록 구성되어 있습니다.

〈초등 5·6학년 수학동화〉 시리즈는 수학을 좀 더 재미있고 쉽게 배울 수 있는 최적의 수학동화 시리즈입니다. 고전 속 주인공들과 함께 신나는 모험을 떠나 보세요. 그러면 자신도 모르는 사이에 수학 개념과 문제 해결 방법을 깨닫고 수학에 흥미를 가지게 될 것입니다.

편집부

친구들을 소개할게요

오디세우스

이타케의 왕이지만 트로이의 왕자 파리스에게 아내 헬레네를 빼앗긴 메넬라오스의 강한 권유로 트로이 전쟁에 참여하여 10여 년의 세월을 보냅니다. 오디세우스가 속한 그리스군이 가까스로 트로이 전쟁에서 이긴 후 고국으로 돌아가는 길에 온갖 고생과 모험을 하게 되지만 타고난 머리와 지략으로 난관을 이겨내는 끈질긴 성격의 소유자입니다.

에우리마커스

오디세우스의 충성스러운 신하로, 트로이 전쟁에서부터 고국으로 돌아오는 여정 중에 고생과 모험을 같이하며 온갖 어려움을 이겨냅니다. 오디세우스가 포기하려는 순간까지 끝까지 힘이 되어 주지요. 만약 에우리마커스가 없었다면 수많은 역경을 오디세우스가 이겨내지 못했을 거예요.

외눈박이 거인

오디세우스가 고국으로 돌아가는 와중에 들리는 섬의 원주민으로 한때 오디세우스를 곤경에 처하게 만듭니다. 하지만 거인의 문제를 오디세우스가 명쾌하게 해결하면서 오디세우스의 귀환 여정에 든든한 조력자가 되지요.

마녀 세이렌

수학적 탐구심과 지적 자부심이 강한 마녀로 오디세우스와의 대결에서 아깝게 패하고 맙니다.

페넬로페

이타케의 여왕이자 오디세우스의 부인이에요. 트로이와 전쟁을 하러 떠난 오디세우스를 대신하여 이타케를 다스리지만 왕이 없는 이타케를 호시탐탐 노리는 수많은 구혼자들 때문에 많은 괴로움을 겪어요. 하지만 오디세우스가 돌아오자 당당하게 수학 문제로 오디세우스가 구혼자들을 물리칠 수 있도록 뒤에서 돕지요.

차례

추천의 글 · 4
작가의 말 · 6
수학 교과서에 맞는 활용법 · 8
친구들을 소개할게요 · 10

이야기 1

정예부대 50인이 들어갈 거대 목마를 만들어라! · 14
인물에서 수학 읽기 · 42

이야기 2

외눈박이 거인과의 싸움 · 46
생활에서 수학 읽기 · 86

이야기 3

바다 괴물 스킬라와 카리브디스와의 싸움 · 88
역사에서 수학 읽기 · 110

이야기 4

세이렌과의 대결 · 112
예술에서 수학 읽기 · 146

이야기 5

오디세우스의 귀환 · 148
역사에서 수학 읽기 · 182

이야기 1

정예부대 50인이 들어갈 거대 목마를 만들어라!

📖 원의 넓이
　직육면체의 겉넓이와 부피
　원기둥, 원뿔, 구

10년, 10년이란 세월이 흘렀어요.

오늘이 며칠이더라. 날 가는 줄도 모르고 이곳에 와서 싸움만 한 지 10년이나 흘렀어요. 오늘은 고국 이타케에 두고 온 페넬로페의 생일이에요. 멀리 떨어져 얼굴도 못 본 지 10년이 흘렀는데 그녀의 생일이 되니 더욱 보고 싶었어요.

"끝없는 싸움, 빨리 끝내야 한다. 어떻게 해서든 끝내야 하는데……"

오디세우스는 마음이 급해졌어요. 어떻게 끝내야 하나? 며칠 전 지혜의 여신인 아테네 신전에서 받은 신탁에 따르면 10년간의 긴 전쟁을 끝내는 것은 '아폴론 석상과 목마'라고 했어요. 목마? 목마

라…….

 도대체 아무 생각도 떠오르지 않았어요. 굳건한 트로이 성 안에 있는 아폴론 석상은 야밤을 틈타 몰래 가져오면 되는 것이었어요. 그러나 목마는? 목마는 어찌해야 할지…….

 그때 밖에서 또 소란이 일었어요. 전쟁이 끝나지 않고 지루하게 이어지면서 병영 안에서 늘 생기는 잡음이었지요.

 '또 저쪽 막사에서 병사들끼리 싸움이 일어났나 보군.'

 오디세우스는 옆에 놓여 있던 칼을 들고 얼른 뛰어나갔어요. 그러나 막상 상황을 보니 병사들끼리의 싸움이 아닌 대장끼리의 싸움이어서 오디세우스는 끼어들 수 없었어요.

트로이 전쟁의 영웅 아킬레우스의 죽음 이후 그리스군의 지휘를 맡았던 메넬라오스와 총대장 아가멤논, 두 형제간의 싸움이었어요.

모두 이러지도 저러지도 못하며 둘의 싸움을 지켜볼 수밖에 없었어요. 총대장인 아가멤논은 10년간의 긴 싸움에 지칠 대로 지쳐 있던 데다가 며칠 전의 신탁에서 싸움을 끝내고 자기 나라로 돌아가면 왕비에 의해 죽임을 당한다는 말을 듣고 제정신이 아니었지요. 그는 모든 것을 뒤로하고 전쟁을 끝내지도 않은 채 본국으로 돌아가고 싶어 했어요. 하지만 트로이의 왕자 파리스에게 빼앗긴 아내 헬레네를 되찾기 위해 전쟁을 일으켰던 메넬라오스가 이 전쟁은 끝을 내고 가야 한다며 그를 막고 있는 중이었어요. 형제간의 싸움이지만 너무 격렬하여 모두들 끼지 못하고 눈치만 보고 있었지요.

둘 중 하나가 피를 흘리지 않으면 더 이상 끝날 것 같지 않았던 싸움이 오디세우스의 제의로 멈췄어요. 오디세우스는 우렁찬 목소리로 외쳤지요.

"10일, 딱 10일만 주십시오. 10일 안에 이 지긋지긋한 전쟁을 끝내겠습니다."

오디세우스의 말에 메넬라오스가 코웃음을 치며 비꼬듯 말했어요.

"아니, 오디세우스. 10년이 흘렀어도 끝이 안 보이는 이 싸움을 어찌 10일 만에 끝낸단 말이오? 그런 방법이 있다면 진작 알려 주지 그랬소?"

"어젯밤, 신탁을 받았습니다. 10일간 거대 목마를 만들어 각 부대의 정예 군사만 뽑아 목마에 실은 후 모두 퇴각합시다. 목마만 남기고 우리가 퇴각한다면 트로이군은 전쟁을 끝내는 축하의 의미로 신들이 보낸 선물이라 생각하고 목마를 성 안에 들일 것입니다. 그러면 우리 군사들이 끝내 들어가지 못했던 성 안에 들어갈 수 있지 않겠습니까?"

오디세우스의 계획에 아가멤논이 맞받아쳤어요.

"우리가 10년 동안 공략했어도 열리지 않은 트로이 성문이오. 그러다 트로이 군사들이 목마를 태워 버리거나 성 안에 들이지 않으면 어쩔 것이오? 만약 이 계획이 성공하지 못한다면 나와 내 군사들은 그 길로 돌아갈 것이오. 에게 해의 모든 나라가 비웃어도 10년의 긴 전쟁을 그냥 포기하고 돌아가겠소. 딱 열흘간만이오."

아가멤논의 말에 메넬라오스도 동의하면서 오디세우스에게 귓속말로 속삭였어요.

"오디세우스, 제발 부탁이오. 우리가 여기서 그냥 돌아가게 된다면 모든 나라에 웃음거리밖에 안 되오. 이 계획이 꼭 성사되어야 한단 말이오. 계획이 성공만 한다면 트로이의 모든 노예와 재물은 오디세우스, 당신 것이오."

오디세우스는 이 말을 들으면서도 재물이나 노예는 바라지도 않았어요. 다만 10년간의 전쟁을 끝내고 얼른 고향으로 돌아가고 싶은 마음뿐이었지요.

　사실 트로이 성문은 그 안에서 열지 않으면 바깥에서는 절대로 열 수 없는 신들의 선물로 에게 해에 있는 나라들 사이에서 유명했어요. 아니, 트로이 자체가 천연의 요새였지요. 자연적으로 생긴 깎아지른 듯한 절벽 사이에 굳건히 놓인 거대한 성문은 높이가 대략 15m, 너비가 50m, 두께가 3m나 되는 두꺼운 석재로 만들어진 것이었어요. 그 문의 중간과 꼭대기에는 문을 기어오르는 적군을 쫓기 위해 뜨거운 물을 쏟을 수 있는 항아리들이 줄지어 있었으며, 12개의 작은 출입문은 있었지만 전시 때에는 굳건히 닫혀 있었지요. 결정적인 것은 이 문의 너비 가운데, 사람 키 중간 높이에 기묘한 초승달 모양의 홈이 길게 파여 있었는데, 신의 선물이라는 것은 바로 이것을 가리키는 것이었어요.

　예언의 신이자 아름다운 예술에 관한 수호를 맡고 있는 아폴론은 성벽을 쌓는 일에 능숙해 몇십 년 전 트로이의 라오메돈 왕을 위해 트로이 성벽을 쌓아 주었어요. 이 기묘하고 아름다운 초승달 모양과 그 거대한 문

의 크기는 오직 신만이 만들 수 있는 것이었지요. 지름이 1m인 원기둥이 파여 있다 싶더니 그 안에 지름이 50cm인 원기둥이 또 붙어 있었어요. 밖에서 보면 이런 구멍이 길게 뚫려 있었지요. 트로이 성 안에는 이 구멍에 맞는 거대한 열쇠가 있었어요. 건장한 트로이군 50여 명이 함께 온 힘을 다해야 들 수 있는 거대한 열쇠였지요.

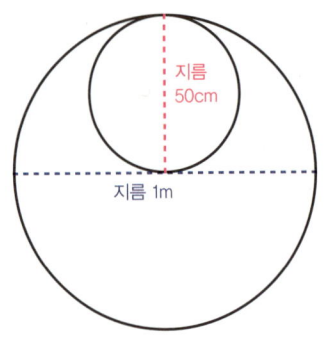

 오디세우스는 트로이 전쟁에 참여하자마자 어떻게 하면 이 성문을 열 수 있을까 고민했어요. 실제로 모두가 잠든 틈을 타서 이 홈을 자세히 관찰하고 이 홈에 맞는 열쇠도 만들 수 있겠다고 확신했지요. 속이 비어 있는 큰 원기둥 안에 작은 원기둥이 들어 있다고 생각하면 될 것 같아 실제로 겨냥도도 그려 보았어요. 하지만 그 거대한 열쇠를 꽂아 돌리려면 적어도 수십 명의 군사들이 달려들어야 하는데, 아무리 밤에 작업을 한다 해도 트로이군한테 들킬 것이 뻔했지요. 트로이 사람들이 모두 밖에서 일어나는 일을 전혀 모르도록 귀머거리에 장님이 되지 않는 이상 거의 불가능한 일이었어요. 그래서 오디세우스는 가장 빠른 방법을 알고 있으면서도 실행에 옮길 수가 없었지요.

 하지만 목마는 달랐어요. 왠지 아폴론이 자신의 예술품을 꺾어

보라고 유혹하듯 오디세우스에게 손을 내민 듯했어요. 트로이 국민들을 속일 수만 있다면 거대 목마를 활용해 한 번도 밖에서 열 수 없었던 성문을 여는 데 성공할 수 있으리라는 확신이 섰지요.

오디세우스는 곧장 막사로 돌아와 거대 목마를 설계하기 시작했어요. 하지만 이는 무척 어려운 일이었어요. 전쟁이 길어지면서 물자가 거의 바닥난 상태였거든요. 최소한의 재료로 최대한의 효과를 봐야 했어요. 그리스군의 최고 꾀쟁이 오디세우스도 고심할 수밖에 없었지요.

그때 고향에서부터 오디세우스를 따라와 10년간 고생을 같이하고 있있던 에우리마커스가 들어왔어요. 에우리마커스는 어릴 때부터 집 건축, 성 건축에 재주가 있었어요. 주인의 설계도를 유심히 보던 에우리마커스는 오디세우스가 고민하는 것이 무엇인지 금방 알아차렸어요. 모든 막사의 물자들이 거의 바닥난 것도 이미 알고 있는 터였지요.

"주인님, 각 막사에는 바람을 막기 위해 설치한 큰 나무판이 있습니다. 어차피 막사가 허물어져야 전 군이 퇴각하는 것처럼 보일 테니 막사에 있는 나무판을 떼어 이용하시면 될 듯합니다."

에우리마커스의 신중한 제안에 오디세우스도 수긍이 갔어요. 다른 방안은 생각할 시간도 없었지요.

모든 막사에 있는 나무판을 모아 보니 20판 남짓이었어요. 거대 목마를 만들기에는 턱없이 부족했지요. 아니, 남을지 부족할지 전혀 알 수 없었어요. 거대 목마를 얼마만큼 크게 만들지도 감이 오지 않았지요. 그때 메넬라오스가 오디세우스를 찾았어요.

"오디세우스, 거대 목마에 태울 정예 부대 50인이오. 각 막사에서 제일 전투를 잘하는 50인을 뽑았소."

그러나 오디세우스에게 그 말은 들리지도 않았어요. 50인의 정예 부대를 보자마자 오디세우스의 머릿속은 수식을 계산하느라 빠르게 돌아갔거든요.

"50명을 태울 수 있는 목마만 만들면 되겠구나. 한 사람이 차지하는 공간을 어떻게 계산하지?"

오디세우스의 혼잣말을 듣고 있던 에우리마커스는 얼른 맞받아쳤어요.

"오디세우스 님, 50명의 병사들을 보니 모두 풍채가 비슷비슷합니다. 어깨가 가장 좁은 병사의 어깨 너비를 재어 그 어깨 너비를 지름으로, 그 병사의 키를 높이로 하는 원기둥의 부피를 구하면 대략적인 거대 목마의 몸통을 만들 수 있을 것입니다."

갑작스러운 에우리마커스의 말에 오디세우스는 이해가 되지 않았어요. 더군다나 거대 목마의 몸통을 원기둥 모양으로 만들려면 딱딱한 나무판을 어찌해야 할지 감도 오지 않았지요. 이런 오디세우스의 마음을 눈치 챈 에우리마커스가 모래판에 그림을 그리기

시작했어요.

"오디세우스 님, 우리가 만들 거대 목마의 몸통은 원기둥 모양이 아니라 직육면체인 상자 모양일 수밖에 없습니다."

"아니, 왜 그렇지? 원기둥처럼 둥그런 모양이어야 자연스럽지 않소?"

오디세우스의 질문에 에우리마커스가 빙그레 웃으며 말했어요.

"만약 바닥을 둥그렇게 만들면 50명이나 되는 병사들이 그 안에서 어찌 서 있겠습니까?"

"아! 그렇군. 조급한 마음에 내가 미처 그 생각을 못 했소. 그럼 어느 정도 크기의 직육면체를 만들어야 50명이 들어갈 수 있으면서 최소한의 나무판을 쓸 수 있겠나?"

오디세우스는 거대 목마를 한시라도 빨리 만들고 싶었어요. 답을 다 알고 있으면서도 설명을 서둘지 않는 에우리마커스가 심지어 얄밉기까지 했지요.

"오디세우스 님, 너무 조급하게 생각하지 마십시오. 우리가 만들 거대 목마의 몸통이 직육면체일 수밖에 없는 것은 이해하시겠지요? 하지만 이 거대한 직육면체의 가로, 세로, 높이의 길이를 어떻게 해야 할지 정해야 하지 않겠습니까?"

그제야 무슨 말인지 조금 이해가 된 오디세우스가 말했어요.

"아! 에우리마커스, 이제야 조금 알아듣겠소. 50명의 병사들

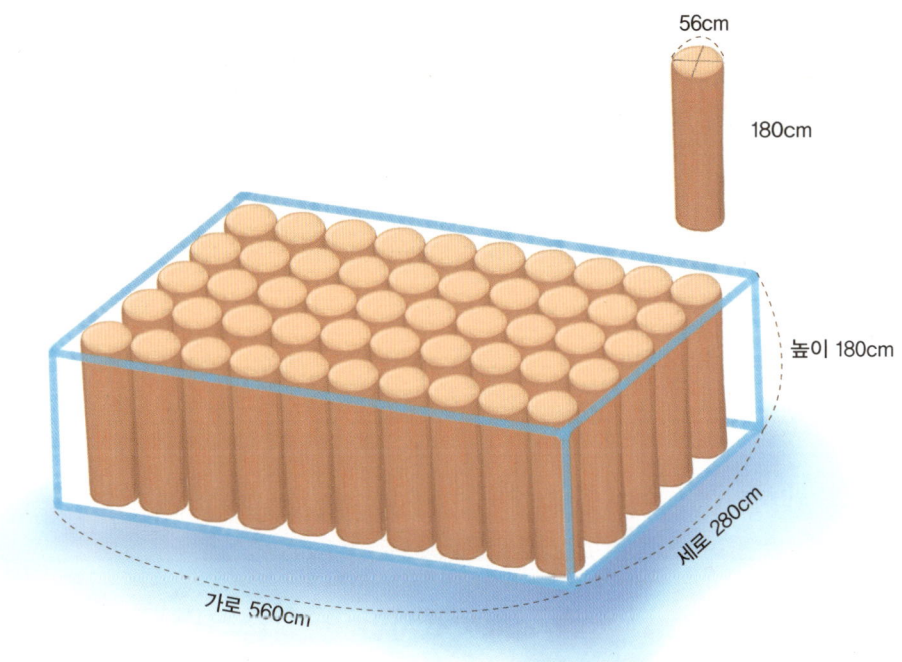

을 50개의 원기둥이라 생각하면 큰 직육면체 안에 50개의 원기둥이 가로 10개씩 5줄로 있다고 생각하면 된다오. 그러면 직육면체의 높이는 병사들의 평균 키 높이로 하면 되겠소. 모두 서 있을 테니……. 하지만 가로, 세로의 길이는 어떻게 하면 좋겠소?"

"지난번에 병사들의 어깨 너비를 모두 재어 보니, 어깨 너비가 가장 좁은 병사가 시클루스로 56cm였습니다. 어깨가 가장 넓은 사람도 공간이 많지 않다면 좁게 서 있을 수 있을 테니 가장 어깨 너비가 좁은 사람을 생각했습니다. 병사들의 평균 키는 180cm이니

지름이 56cm, 높이가 180cm인 원기둥들이 50개 들어갈 수 있는 직육면체를 만들면 되겠지요. 즉 병사들이 가로 10명씩, 세로 5명씩 줄지어 서 있을 수 있다면 거대 직육면체의 가로 길이는 56cm×10=560cm, 세로의 길이는 56cm×5=280cm가 됩니다. 다시 말하면 가로 560cm, 세로 280cm, 높이 180cm인 직육면체를 목마의 몸통으로 만들면 병사 50인이 모두 충분히 들어갈 수 있겠습니다."

빙그레 웃으며 설명하는 에우리마커스의 말에 안심이 되면서도 갑자기 궁금해진 오디세우스가 말을 이었어요.

"에우리마커스, 그 말은 이해하겠지만 혹시라도 병사들이 차지하는 공간이 목마의 몸통보다 더 크면 어쩌겠소? 그것도 생각해 봐야 하지 않겠소?"

"그건 각각의 부피를 구해 보면 되겠지요. 혹시 입체도형의 부피를 구하는 것을 오디세우스 님께 설명해야 하는 것은 아니겠지요?"

"아! 각각의 부피를 구해 보면 되겠군. 가로 560cm, 세로 280cm, 높이 180cm의 직육면체 부피는

(직육면체의 부피)=(가로)×(세로)×(높이)
$$=560cm \times 280cm \times 180cm$$
$$=28224000cm^3$$

가 되겠군. 아! 그런데 원기둥의 부피는 어떻게 구하지? 갑자기 생각이 안 나는군. 에우리마커스, 자네는 알고 있는가?"

"오디세우스 님, 부피는 물건이 차지하고 있는 공간의 크기입니다. 그렇다면 부피의 기본은 차지하고 있는 (밑넓이×높이)가 되겠지요. 그래서 직육면체의 부피가

(직육면체의 부피)=(직육면체의 밑넓이)×(높이)
=(가로)×(세로)×(높이)

여기서 잠깐!

원주율이란?

원주율은 지름에 대한 원주의 비율을 말합니다. 여기서 원주란 원의 둘레를 말해요. 즉, 원주율이란 원의 지름에 대한 원의 둘레의 비율로, 원의 둘레인 원주를 원의 지름으로 나눈 비를 말하지요. 식으로 표현하면 다음과 같지요.

$$(원주율) = \frac{(원주)}{(지름)}$$

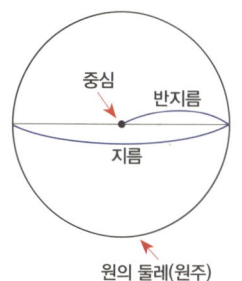

우리가 실제로 지름과 원둘레의 길이(원주)를 재어 원주율을 구해 보면 원의 크기와 관계없이 지름에 대한 원주의 비는 다음과 같이 일정합니다.
(원주율)=(원주)÷(지름)=3.1415926535897932……
그러나 끝까지 안 떨어지기 때문에 계산상 편리함을 위해 초등학교에서는 원주율을 3.14, $\frac{22}{7}$, $3\frac{1}{7}$, 3 등으로 쓰기도 합니다.

로 구할 수 있는 것은 이미 계산하셨으니 아시겠죠? 원기둥도 이와 같습니다. (원기둥의 부피)=(원기둥의 밑넓이)×(높이)로 구할 수 있습니다."

눈을 반짝이며 듣고 있던 오디세우스가 갑자기 말을 끊었어요.

"아! 그건 이제 알겠소. 원기둥의 밑넓이는 원 모양인데 원의 넓이를 어떻게 구하면 되겠소?"

"오디세우스 님, 이 그림을 보십시오. 이 원을 이렇게 잘라 조각들을 지그재그로 붙이면 이런 모양이 됩니다. 그럼 가로는 원둘레의 길이(=원주)의 반인 원주율×반지름이 되겠고, 세로는 반지름의 길이가 되니 (원의 넓이)=(원주율×반지름)×(반지름)으로 구할 수 있습니다."

오디세우스는 무릎을 탁 치며 되받아쳤어요.

"아! 이제야 기억나는구려. 그래서 원기둥의 부피는

(원기둥의 부피)=(원기둥의 밑넓이)×(높이)
=(원주율×반지름×반지름)×(높이)

로 구할 수 있겠소. 그러면 우리가 원하는 지름 56cm, 높이 180cm인 원기둥 50개의 부피는

(원기둥의 부피)=(원기둥의 밑넓이)×(높이)
=(원주율×반지름×반지름)×(높이)

⇨ 원주율이 $\frac{22}{7}$일 때

여기서 잠깐!

원 넓이는 어떻게 구할까요?

원을 8등분한 다음 등분한 선을 따라 자른 조각을 이어 붙이면 다음과 같은 모양이 돼요.

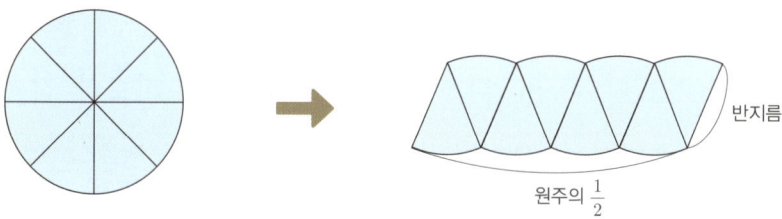

이번에는 16등분, 32등분, 64등분, ……으로 나눈 조각을 이어 붙여 볼까요? 아래 그림처럼 원을 한없이 잘게 잘리 이이 붙이면 직사각형 모양에 가까워진다는 것을 알 수 있어요. 즉 원을 아주 잘게 지르면 가로기 원주의 $\frac{1}{2}$, 세로는 반지름의 길이와 같은 직사각형이 만들어지죠.

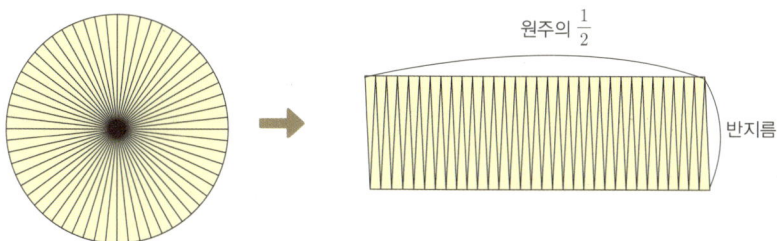

결국 원의 넓이는 직사각형의 넓이와 같아진답니다. 따라서 원의 넓이는 직사각형의 넓이를 구하는 방법으로 구할 수 있어요.

원의 넓이를 구하는 방법

(원의 넓이)
= (원주의 $\frac{1}{2}$) × (반지름)
= (반지름) × 2 × 3.14 × $\frac{1}{2}$ × (반지름)
= (반지름) × (반지름) × 3.14

$$= \frac{22}{7} \times 28\text{cm} \times 28\text{cm} \times 180\text{cm}$$

$$= 443520\text{cm}^3$$

원기둥 하나의 부피가 443520cm^3이므로 50개면

$$443520\text{cm}^3 \times 50 = 22176000\text{cm}^3$$

이 되겠구려. 여기서 직육면체의 부피(28224000cm^3)>원기둥 50개의 부피(22176000cm^3)니까, 원기둥 50개의 부피보다 직육면체의 부피($560 \times 280 \times 180 = 28224000$)가 더 크므로 병사 50인이 각자 무기를 가지고 가까스로 들어갈 수 있겠어. 좋소, 에우리마커스, 우리 이제 만들어 봅시다. 핫핫핫."

모두 마음이 바빠졌어요. 전 군에 있는 목수란 목수는 다 동원되고 못 박는 기술이 조금이라도 있는 병사들은 모두 모여서 거대 목마를 만들기 시작했지요.

약속한 열흘이 다가왔어요. 얼른 집으로 돌아가고 싶었던 아가멤논은 어스름한 새벽녘에 서둘러 오디세우스를 찾아왔어요. 아가멤논은 이 끝나지 않는 전쟁으로 서로 고생하지 말고 어서 고향으로 돌아가자고 오디세우스를 설득할 참이었지요. 하지만 아가멤논은 오디세우스의 영지 뒤에서 마주친 거대한 목마의 위용에 할 말을 잃었어요. 서늘한 달빛 아래에 줄지어 나 있던 막사는 모두 없어지고 한 마리의 거대 목마가 그 자리에 서 있었지요.

50명의 정예 부대는 차례차례 목마 안으로 들어갔고 그리스군은

여기서 잠깐!

원기둥의 겉넓이와 부피는 어떻게 구할까요?

원기둥의 겉넓이는 아래 그림과 같이 원기둥의 전개도를 그려 설명할 수 있습니다. 원기둥은 합동인 밑면이 2개이고 옆면이 1개이므로
(원기둥의 겉넓이)=(한 밑면의 넓이)×2+(옆면의 넓이)
로 구할 수 있습니다. 여기서 한 밑면의 넓이는 원의 넓이와 같으므로 (반지름)×(반지름)×(원주율)로 구할 수 있어요. 옆면의 넓이는 다음 그림처럼 가로의 길이가 밑면의 둘레의 길이와 같고, 세로의 길이는 원기둥의 높이와 같으므로 (밑면의 둘레)×(원기둥의 높이)로 구할 수 있습니다.

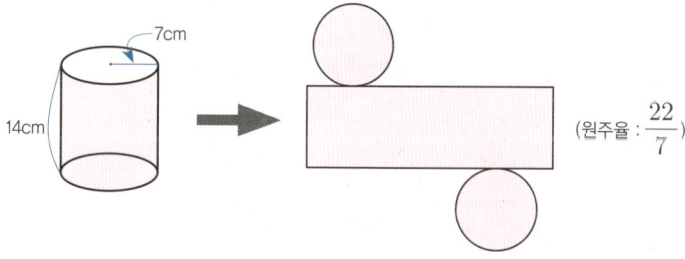

(원주율 : $\frac{22}{7}$)

원기둥의 부피는 원기둥을 잘라서 보면 간단합니다. 원기둥을 무수히 같은 모양으로 자른다면 직육면체로 만들 수 있겠지요? 그렇다면
(원기둥의 부피) = (한 밑면의 넓이)×(높이)
   = (원의 넓이)×(높이)
   = (반지름)×(반지름)×(원주율)×(높이)
로 원기둥의 부피를 구할 수 있습니다.

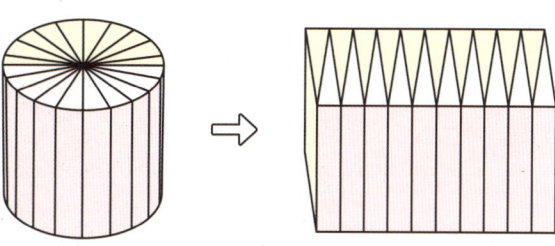

조용히 배를 타고 트로이 성 근처의 섬에 숨어들기 시작했어요. 목마가 궁에 들어가면 횃불 신호로 언제든 전투에 참여할 계획이었지요.

　새벽 동이 트고 새벽의 신 에오스가 트로이군을 깨웠을 때 트로이 국민은 모두 자신의 눈을 의심했어요. 전날만 해도 전투 태세를

갖추며 분주하게 움직였던 그리스군은 온데간데없고 그 자리에 거대 목마만 굳건히 버티고 있었지요.

전쟁의 원인이었던 헬레네를 데려온 파리스가 트로이 국왕에게 이 사태를 알렸어요. 곧 원로회의가 열렸고 이 거대 목마의 의미에 대해 논란이 분분했지요. 전쟁을 이기기 위한 그리스군의 잔꾀라는 의견과 트로이군의 승리를 알리는 신들의 작품이라는 의견이 팽팽히 맞섰어요. 회의가 길어질수록 10년 가까운 전쟁에 지친 그리스 연합군이 모두 돌아갔고 거대 목마는 트로이의 승리로 끝난 전쟁을 축하하기 위해 아테네 여신이 준 선물이라는 의견으로 모아졌지요. 미래를 볼 수 있었던 라오콘이 거대 목마를 성 안에 들이면 트로이는 망하고 말 거라고 아무리 외쳐도 그의 말은 들리지도 않는 듯했어요. 오히려 없는 사실을 지어낸다고 라오콘과 그의 아들들은 트로이에서 추방당하기까지 했지요.

이윽고 전쟁의 끝을 축하하며 목마를 들이는 꽃길이 만들어졌어요. 긴 꽃길 사이로 트로이 병사들 수천 명이 끄는 목마를 보며 트로이 국민들은 전쟁의 끝을 알리는 축배를 들었지요. 서서히 다가오는 어둠은 인지하지 못한 채…….

술에 취해 모두가 잠든 깊은 새벽, 굳건하게 잠겨 있던 트로이 궁의 성문이 드디어 열렸어요. 목마 안에 조용히 숨어 트로이 국민이 모두 잠들기만을 기다렸던 오디세우스와 50명의 정예 병사들은 기회만 노리고 있었지요. 드디어 모두가 잠든 틈을 타고 오디세우스가 몰래 빠져나와 그토록 열기를 소원했던 트로이 궁의 성문 앞에 섰어요. 이미 성문 밖에는 퇴각하는 척했던 그리스군이 몰려와 마지막 전투가 되리라는 확신에 전열을 가다듬고 있었지요. 오디세우스와 병사 50인이 성문을 조금 열자마자 기다리고 있던

그리스 연합군은 승리가 눈앞에 있다는 희망으로 트로이 성 안으로 물밀듯이 들어갔어요. 이 모든 것을 계획한 오디세우스 역시 이제 드디어 고향으로 돌아갈 수 있겠다는 들뜬 마음으로 칼을 들고 돌진했지요.

모든 일은 순식간에 일어났어요. 그리스 연합군의 승리는 불 보듯 뻔했지요. 그러나 곧 전쟁이 끝난다는 사실에 감격한 오디세우스가 기쁨에 찬 눈으로 동료 에우리마커스를 본 순간, 갑자기 주변의 모든 소리가 끊기며 조용해졌어요. 적막과 함께 오디세우스는 한치 앞을 볼 수 없는 어둠에 갇혔어요. "메넬라오스!" "에우리마커스!" "아가멤논!" 하는 외침들은 허공 속에 묻혀 갔지요. 오디세우스 역시 끝을 알 수 없는 어둠 속에 묻히고 말았어요.

"여기가 어디요?"

"에우리마커스, 메넬라오스~!"

아무리 외쳐도 주위에는 캄캄한 어둠뿐. 아무것도 만져지지도, 보이지도 않았어요.

'여기가 어디지? 난 왜 여기에 있지?'

몇 시간째 힘껏 소리쳐도 아무런 대답도 들리지 않자 오디세우스는 절망에 빠졌어요. 시간이 얼마나 흘렀는지 알 수 없을 정도로 적막했지요. 자신이 이런 상태로 떨어진 지 한참 되었을 거라는 생각은 들었지만 할 수 있는 것은 아무것도 없었어요.

그 순간, 갑자기 오디세우스가 앉아 있던 곳에 큰 울림이 일었어요.

"오디세우스, 넌 약속을 져 버렸다."

"네? 어떤 약속 말입니까?"

"네가 받은 신의 계시에는 목마를 만들기 전, 트로이 궁 안에 있는 아폴론 석상을 가져와야 된다고 하지 않았느냐?"

오디세우스는 그제야 아테네 신전에서 받은 신탁이 떠올라 아차 싶었어요.

"아폴론 신이 분노했으니, 평소 아폴론 신을 아끼는 바다의 신 포세이돈에 의해 넌 고향에 돌아가는 것 역시 쉽지 않을 것이다. 설령 돌아간다 해도 트로이 전쟁이 10년을 끌었던 것처럼 험한 일을 겪다가 10년 후에나 고향에 돌아갈 수 있을 것이다."

"아! 죄송합니다. 정말 잘못했습니다. 고향을 떠나온 지 10년이니 제발, 그것만은……."

오디세우스는 두려움과 설움이 북받쳐 말을 끝낼 수 없었어요. 오디세우스는 그렇게 빌고 또 빌다가 지쳐 쓰러졌지요.

내용 정리

✚ 공간에서 일정한 크기를 차지하는 도형을 **입체도형**이라고 해요.

✚ 다양한 입체도형이 공간에서 차지하는 크기를 **부피**라고 해요. 원기둥의 부피, 직육면체의 부피 등을 구하는 것을 기본적으로 배우게 되지요.

✚ 입체도형의 모양을 잘 알 수 있게 점선과 실선으로 그린 것을 **겨냥도**라고 해요. 보이는 부분을 실선, 보이지 않는 부분을 점선으로 그리지요.

✚ 입체도형을 펼쳐서 평면에 나타낸 것을 **전개도**라고 합니다. 접히는 부분은 점선으로, 나머지 부분은 실선으로 나타냅니다.

✚ 원기둥, 각기둥, 원뿔, 각뿔 등 입체도형의 밑면의 넓이를 **밑넓이**라고 합니다. 원기둥이나 각기둥의 경우 밑넓이를 알아야 부피를 쉽게 구할 수 있답니다.

✚ 원기둥, 각기둥, 원뿔, 각뿔 등과 같은 입체도형의 옆면 넓이의 합을 **옆넓이**라고 해요. 입체도형의 겉넓이를 구할 때 옆넓이를 구해야 합니다.

✚ 입체도형의 겉면의 넓이의 합을 **겉넓이**라고 합니다. 보통 각기둥과 원기둥의 겉넓이는 입체도형의 옆넓이와 밑넓이의 두 배의 합과 같습니다.

인물에서 수학 읽기

플라톤의 정다면체 이야기

각각의 면이 다각형으로 둘러싸인 입체도형을 다면체라고 해요. 둘러싸고 있는 면의 수에 따라 사면체, 오면체, 육면체 등으로 부르면 됩니다. 하지만 우리가 일상생활에서 많이 볼 수 있는 원뿔, 구, 원기둥 등은 다면체가 아닙니다. 왜 그럴까요? 맞아요, 다각형의 면으로 둘러싸인 것이 아닌 입체도형이기 때문이에요.

수많은 다면체 중 서로 합동인 정다각형으로만 이루어지면서 각 꼭짓점에 모여 있는 면의 개수가 같은 다면체인 입체도형을 정다면체라고 합니다.

다면체			다면체가 아닌 입체도형		
사면체	오면체	육면체	원뿔	구	원기둥

정다면체도 다면체처럼 수없이 많을까요? 아닙니다. 정다면체는 서로 합동인 정다각형으로만 이루어져야 하기 때문에 정사면체, 정육면체, 정팔면체, 정십이면체, 정이십면체 이 5가지뿐입니다. 정다면체의 겨냥도와 전개도를 살펴보면 이해가 더 쉽겠죠?

	정사면체	정육면체	정팔면체	정십이면체	정이십면체
겨냥도					
전개도					

이 5개뿐인 정다면체는 그 이름도 유명한 피타고라스 학파가 발견했지만 정작 플라톤의 도형이라고 알려지게 되었어요. 고대인들은 우주의 기본 요소가 불, 흙, 공기, 물, 4가지라고 생각했는데 그리스의 철학자인 플라톤은 불은 정사면체, 흙은 정육면체, 공기는 정팔면체, 물은 정이십면체 모양을 하고 있고, 우주 전체는 정십이면체의 모양을 하고 있다고 생각했어요. 각각의 정다면체의 모습과 불, 흙, 공기, 물, 우주의 모습이 연상이 되시나요? 시간과 호기심이 가득하다면 각 정다면체의 전개도로 입체도형을 만들어 보세요.

플라톤

하나만 더 생각해 볼까요? 정다면체는 왜 5가지밖에 없을까요? 그 속에는 각도의 마술이 숨어 있답니다. 각도란 각을 이루는 두 변의 서로 벌어진 정도를 말합니다. 평소에 30°, 60°, 90° 등 각도를 말할 때가 많지요. 정다면체의 전개도를 잘 살펴보면 정삼각형으로만 이루어진 정다면체는 정사면체, 정팔면체, 정이십면체입니다. 한 면이 정삼각형인 경우 한 내각의 크기는 여러분이 아시는 대로 60°입니다. 삼각형의 3개의 내각의 합은 180°이지만 정삼각형은 3개의 내각이 모두 같은 삼각형이므로 한 내각의 크기는 60°가 됩니다. 이 경우 한 꼭짓점에 정삼각형이 모여서 입체도형을 만들 수 있는 경우는 정삼각형이 3개, 4개, 5개일 때밖에 없습니다. 혹 한 꼭짓점에 모여 있는 삼각형이 1개나 2개일 때는 입체도형을 만들 수도 없을 뿐더러 6개의 정삼각형이 한 꼭짓점에 모인다면 360°가 되므로 평면이 되어서 입체도형을 만들 수가 없습니다. 그러므로 각 면이 정삼각형인 정다면체는 정사면

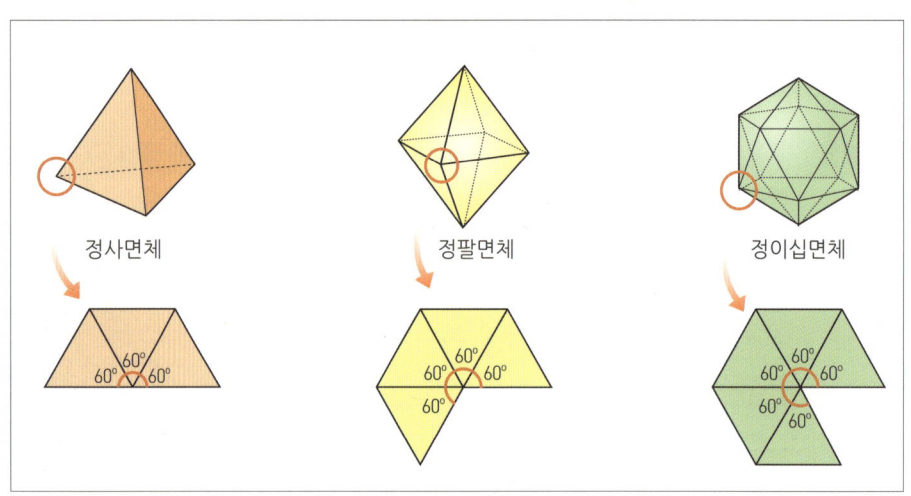

체, 정팔면체, 정이십면체로 모두 3가지입니다.
정사각형인 경우는 한 내각의 크기가 90°입니다. 사각형의 4개의 내각의 합은 360°이지만 정사각형은 4개의 내각이 모두 같은 사각형이므로 한 내각의 크기는 90°가 됩니다. 따라서 〈그림 1〉과 같이 한 꼭짓점에 정사각형이 3개씩 모여야 입체도형을 만들 수 있습니다. 한 꼭짓점에 정사각형이 4개 모인다면 360°가 되므로 평면이 되어서 입체도형을 만들 수가 없습니다. 그러므로 각 면이 정사각형인 정

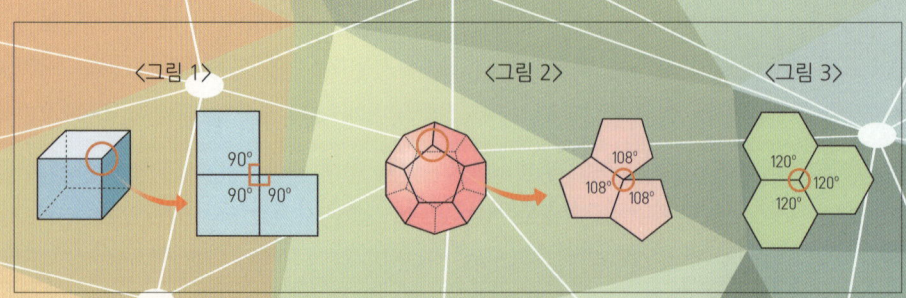

다면체는 정육면체 한 가지뿐입니다.

한 면이 정오각형인 경우, 정오각형의 한 내각의 크기는 108°입니다. 오각형의 5개의 내각의 합은 540°이지만 정오각형은 5개의 내각이 모두 같은 오각형이므로 한 내각의 크기는 540°를 5로 나누면 108°가 됩니다. 따라서 〈그림 2〉와 같이 한 꼭짓점에 정오각형이 3개씩 모여야 입체도형을 만들 수 있습니다. 정오각형이 3개보다 많아지면 360°가 넘어서 입체도형을 만들 수 없습니다. 그래서 각 면이 정오각형인 정다면체는 정십이면체 한 가지뿐입니다.

마지막으로 정육각형으로만 이루어진 정다면체가 있을까요? 앞에서 설명한 대로 〈그림 3〉을 보면 정육각형의 경우 한 내각의 크기가 120°입니다. 한 꼭짓점에 정육각형이 3개 모이면 360°가 되어 평면이 되므로 입체도형을 만들 수 없습니다. 그러므로 정육각형, 정칠각형, 정팔각형 등으로는 정다면체를 만들 수 없습니다. 여러분들이 이러한 것을 눈으로만 보는 것이 아니라 실제로 만들어 본다면 더욱 이해가 쉬울 것입니다.

이야기 2

외눈박이 거인과의 싸움

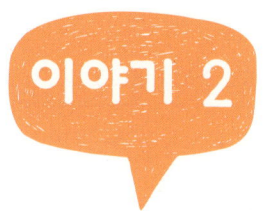

다각형의 넓이

쌓기나무

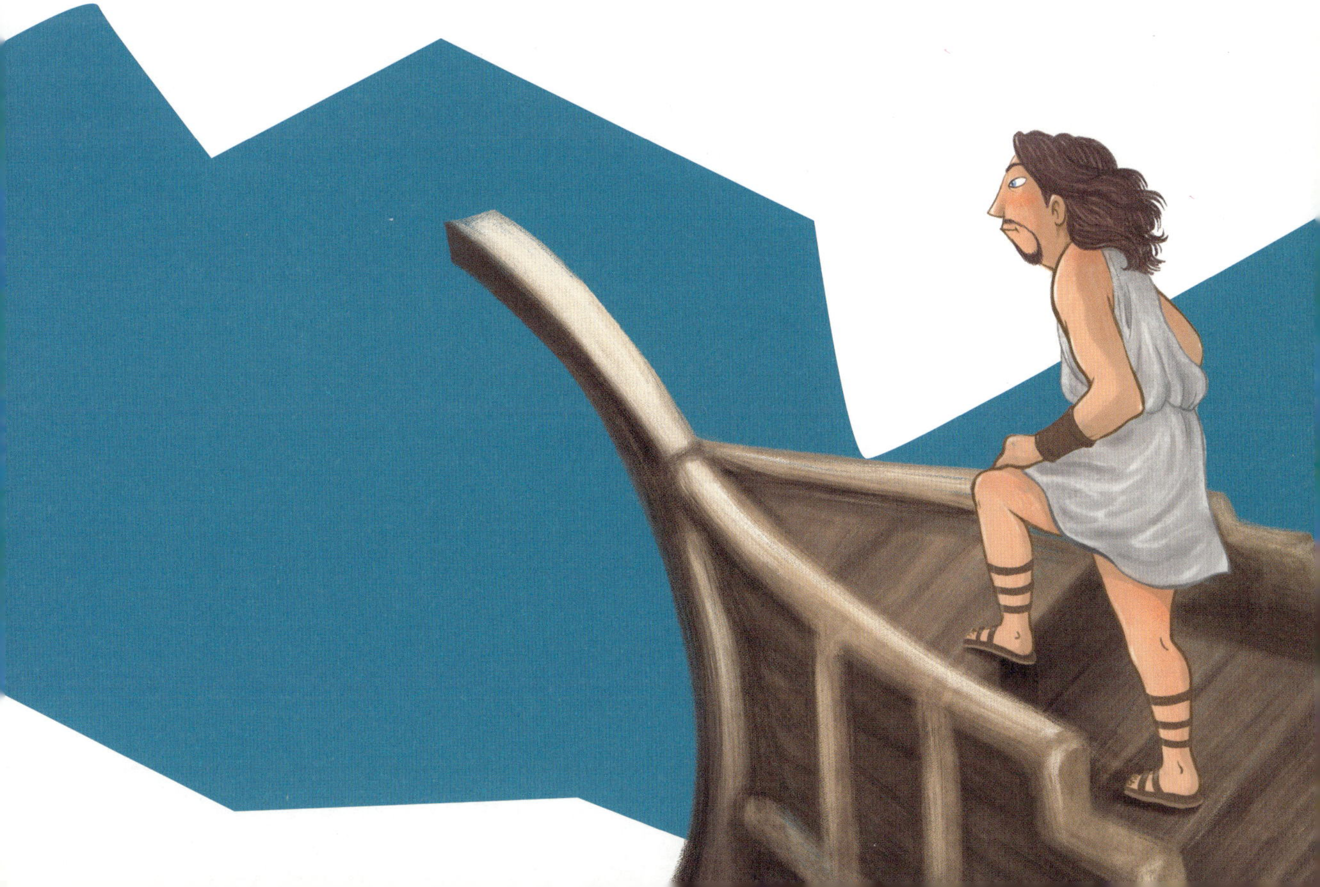

눈을 떠 보니 방 안이었어요. 꿈인지 생시인지 알 수 없었지요. 어둠 속에서 주변을 찬찬히 살펴보니 가장 믿을 수 있는 에우리마커스가 잠들어 있었어요.

"에우리마커스! 에우리마커스! 일어나 보게, 얼른 일어나! 우리가 지금 어디에 있는 건가?"

곤히 잠든 에우리마커스를 깨우면서도 전혀 미안한 기색 없이 오디세우스는 다짜고짜 물어보았어요. 에우리마커스는 쏟아지는 잠을 애써 쫓으며 게슴츠레 뜬 눈으로 오디세우스를 쳐다보았지요.

"아니, 주인님. 어제의 승리를 벌써 잊으셨습니까? 우리가 승리하고 나서 고향으로 돌아가자며 서둘러 짐을 꾸려 나오지 않았습니까?"

에우리마커스의 말에 오디세우스가 그제야 안심하며 한숨 놓았어요. 찬찬히 주위를 둘러보니 배 안이었지요.

'아! 그건 꿈이었구나. 감사합니다, 제우스 님!'

오디세우스는 안도하며 갑판 위로 올라가 보았어요. 동틀 준비를 하는지 깜깜한 밤바다 사이로 붉은 빛줄기 하나가 비추었지요.

"배에 실은 식량과 물은 항해하기에 충분한가?"

오디세우스가 서둘러 뒤따라온 에우리마커스에게 물었어요.

"그것이 말입니다, 좀 걱정입니다. 고향으로 서둘러 돌아가자는 말씀에 미처 식량과 물을 충분히 챙기지 못했습니다. 병사 50여 명이 하루 정도 더 버틸 수 있겠습니다."

에우리마커스의 말에 오디세우스는 바다 주위를 찬찬히 둘러보았어요. 무리한 항해는 바로 죽음에 이르는 길이라는 걸 오디세우스는 본능적으로 알고 있었지요. 2시간 남짓, 희뿌연 바다를 살피며 배를 정박할 곳을 찾고 있던 오디세우스는 멀리 보이는 하나의 점을 발견했어요. 배가 정박할 수 있을지, 없을지 모르지만 일단 그곳을 향해 가기로 했지요. 몇 시간이 흘렀는지, 얼마나 항해했는지 모르겠지만 드디어 섬이 눈에 보이기 시작했어요.

멀리서 찬찬히 살펴보니 섬 안쪽에서 연기가 피어오르고 곡식을 키우는 듯 정돈된 논밭도 보였어요. 오디세우스는 섬을 찬찬히 훑어보며 배가 안전하게 정박할 곳을 찾았지요. 섬 뒤쪽에 우거진 수풀 사이에 쑥 들어간 만이 보였어요. 배가 그곳에 정박한다 해도 수풀에 가려 잘 보이지 않을 만큼 보기 드문 요새였지요. 오디세우스는 배를 얼른 그곳에 대도록 명령한 후 제일 몸이 날쌘 11명의 용사를 뽑았어요. 오디세우스가 없을 때 늘 일을 맡길 수 있는 에우리마커스와 나머지 병사들은 배에 남아 기다리기로 했지요.

배에서 내린 오디세우스와 11명의 용사들은 재빨리 섬을 정탐했어요. 사람의 손이 많이 닿지는 않았는지 갖가지 과일이 나무에 주렁주렁 매달려 있었고, 사슴을 비롯한 야생동물 역시 인기척을 느껴도 도망가지 않을 만큼 경계하지 않았지요. 오디세우스와 병사들은 이런 섬을 발견할 수 있도록 도와준 신께 감사 인사를 드린 후 가장 통통한 산양을 잡아 제를 올렸어요. 그 후 배에서 기다리고 있을 나머지 병사들을 생각해 닥치는 대로 사냥하고 과일을 따서 포대에 담았지요.

어느 정도 시간이 흐른 후 오디세우스 일행은 섬에서 얻은 식량을 싣고 배로 돌아가던 중, 탐스럽게 살이 오른 양들이 들어갔다

나왔다 하는 동굴 입구를 발견했어요. 호기심 많은 오디세우스는 그곳을 그냥 지나칠 수 없었지요.

 11명의 용사들과 함께 동굴 안으로 들어간 오디세우스는 감탄을 금치 못했어요. 동굴 안은 밖에서 본 모습보다 훨씬 컸으며 자연에서 흔히 구할 수 있는 돌과 나무를 이용하여 매우 정교하게 테이블, 의자, 침대 등이 만들어져 있었지요. 또한 막 담근 듯 산양의

젖으로 만든 고소한 치즈 향이 코끝을 찔렀어요. 오랜만에 맡는 치즈 향에 취해, 동굴 안의 가구들이 사람의 것이라 하기엔 터무니없이 크다는 사실도 알아차리지 못할 정도였지요.

오디세우스와 11명의 용사들은 참지 못하고 주인의 허락도 받지 않은 채 이것저것 집어먹기 시작했어요. 한참을 정신없이 먹다 보니 긴장도 풀리고, 한꺼번에 피로가 몰려와 동굴 안에 있던 침대에 모두 누워 잠들어 버렸어요. 침대가 어찌나 거대한지 오디세우스와 용사들 11명이 함께 기대어 있어도 자리가 남아돌 정도였지요.

"쾅! 쿵! 쿵! 쿵!"

갑작스런 요란한 소리에 오디세우스와 그의 동료들은 모두 잠에서 깨고 말았어요. '도대체 무슨 소리지?' 하고 달려 나가기에는 너무 늦어 버렸지요. 동굴 입구에는 거대한 외눈박이 거인이 서 있었어요. 거인 뒤로 거대한 돌덩이가 보였지요. 아마 거인이 막은 듯했어요.

"너희는 누구인데 내 허락도 없이 침대에서 잠을 잤느냐? 이런, 내가 애써 만든 치즈도 반이나 먹어치웠군."

"정말 죄송합니다, 외눈박이 거인님. 저희는 풍랑에 길을 잃고 헤매다 배가 암초에 부딪쳐 부서지고 말았습니다. 대부분 세찬 파도에 휩쓸려 죽었고, 가까스로 살아남은 우리는 너무 배가 고파 허락도 없이 거인님의 치즈를 먹고 말았습니다. 제발 아량을 베푸시어

우리를 용서해 주시기 바랍니다."

오디세우스는 아무래도 외눈박이 거인을 믿을 수 없어 배가 부서졌다는 거짓말을 했어요. 오디세우스를 유심히 살피던 외눈박이 거인은 갑자기 부하 2명을 으스러뜨릴 듯 한 손에 쥐고 힘을 주었어요. 오디세우스와 나머지 병사들은 겁에 질린 나머지 '아!' 소리조차 나오지 않았지요.

5분여의 시간이 흐르고 고통에 신음하는 부하의 목소리에 오디세우스는 다급하게 소리쳤어요.

"외눈박이 거인! 외눈박이 거인! 대체 무엇을 원하시오? 우리를 죽여 봤자 당신에게는 아무 이득도 없지 않소? 차라리 우리가 당신을 위해 무엇을 도와주면 되겠소?"

그 말을 듣자마자 외눈박이 거인은 고개를 갸우뚱하더니, 잡고 있던 부하들을 살포시 내려놓으며 풀죽은 목소리로 얘기했어요.

"내가 고민하고 있는 게 있긴 있어. 다른 친구들이 내가 이 문제를 못 풀 거라고 계속 놀려 대서 해결하겠다고 큰소리치고 내기를 하긴 했는데 아무리 생각해 봐도 모르겠어. 아마 너도 모를걸?"

외눈박이 거인은 기대도 안 한다는 확신 없는 목소리로 말했어요.

"그래도 말씀해 보십시오. 여럿이 머리를 맞대면 풀 수 있을지 어찌 알겠습니까? 우리를 죽이지 마시고 같이 해결합시다."

오디세우스는 달라진 거인의 행동에 안도의 한숨을 내쉬며 말했어요. 외눈박이 거인은 오디세우스를 살피며 동굴 바닥에 나뭇가지로 하나의 큰 도형을 그리기 시작했어요.

"우리는 산양을 공동으로 같이 키워. 그런데 내 친구 3명이 서로 자기가 일을 더 많이 한다고 싸움이 났어. 그래서 땅을 나눠 갖기로 했지. 이렇게 △생긴 땅을 우리 넷이 나눠 가지려는데 넷이 똑같이 나눠 가져야 해. 만약 조금이라도 누군가가 더 많이 가져간다면 서로 싸움이 날 것은 불 보듯 뻔해. 내일까지 이 문제를 해결해야 하는데 어떻게 나눠야 할지 모르겠어."

외눈박이 서인의 그림을 유심히 살피던 오디세우스는 갑자기 궁금한 점이 생겼어요.

"아니, 땅 모양이 희한합니다. 왜 땅이 사각형도 아니고, 울퉁불퉁하지도 않으면서 삼각형 모양입니까?"

오디세우스의 말에 별걸 다 묻는다는 표정으로 외눈박이 거인이 대답했어요.

"우리는 삼각형을 신이 주신 선물이라 생각해. 삼각형의 세 꼭짓점에 불, 물, 바람이 깃들어 있어서 우리가 그 안에서 기르는 것들은 모두 잘 자랄 거라는 믿음이 있어. 그래서 삼각형 모양으로 울타리를 지어 산양을 키웠었지. 다른 곳에서는 이렇게 안 만드나?"

"아! 그렇습니까? 그럼 이런 삼각형 모양을 네 개의 삼각형으로 대략 나누면 되지 않겠습니까?"

오디세우스의 제안에 외눈박이 거인은 코웃음을 치며 얘기했어요.

"나도 그렇게 생각했었어. 그냥 네 개의 삼각형으로 대충 나누면 되는데, 조금이라도 땅의 크기가 다르다면 크게 싸움이 날 거라 내 생각대로 못 하겠어. 친구들도 수긍할 수 있도록 한 치의 차이도 없어야 해. 우린 조금이라도 남들과 비교해서 손해가 나면 참지 못하거든."

오디세우스는 외눈박이 거인의 말을 듣자마자 믿음직한 에우리마커스를 배에 놔두고 온 것을 후회했어요. 에우리마커스는 건축과 수학에 뛰어난 부하였거든요. 그렇다고 배에 다시 다녀오겠다고 하면 배가 부서졌다는 거짓말이 탄로 날까 봐 말하지 못했어요. 오디세우스 혼자 문제를 해결해야 했지요.

"음, 제가 이것을 내일 아침까지 해결할 테니 거인님은 편히 주무십시오. 다만 제가 이 문제를 해결하면 거인님은 우리를 자유롭게 풀어 주셔야 합니다. 약속하십시오."

오디세우스의 말에 자신은 그래도 잃을 것이 없다는 표정으로 외눈박이 거인이 받아쳤어요.

"알았어. 그런데 자신 있어? 만약 해결하지 못하거나 잔꾀를 부려 도망치려 한다면 너희 모두는 내 밥이야. 명심해!"

외눈박이 거인은 소름끼치도록 씩 웃으며 침대에 누웠어요.

모두 죽을 수 있다는 공포감에 한참을 떨었던 오디세우스의 부하들은 두 다리가 풀려 서 있을 수 없었어요. 한 병사가 오디세우스에게 속삭였어요.

"주인님, 무슨 방도가 있는 겁니까? 이러다 우리 모두 그냥 거인에게 죽을 바에 차라리 지금 거인에게 달려들어 해치우는 것이 어떨까요?"

"아니, 거인에게 대적하는 것은 우리 모두 죽는 길이다. 더군다나 동굴 입구에 놓여 있는 돌덩이는 거인이 아니면 치울 수도 없어서 혹여 거인을 죽인다 해도 밖으로 나갈 수 없어. 그러니 거인이 낸 문제를 풀어야 할 수밖에……. 걱정하지 말고 내일을 위해 어서 자 두게. 나도 다 생각이 있으니……."

오디세우스의 말에 부하들 모두 걱정스러우면서도 너무 피곤했던 터라 금방 잠이 들고 말았어요. 그러나 오디세우스는 잠들 수 없었어요. 이 문제를 해결해야만 했거든요. 오디세우스는 거인이 그렸던 삼각형 모양의 도형을 네 부분으로 나눠 보았어요. 그러나 아무리 나누어 봐도 네 개의 삼각형이 모두 넓이가 같을지 확신할 수 없었지요. 오디세우스는 고민하다 처음으로 돌아가 생각해 보기로 했어요.

'삼각형의 넓이를 어떻게 구하지? 가만있자, (삼각형의 넓이)는

(밑변×높이)×$\frac{1}{2}$과 같지. 그렇다면 삼각형 모양은 달라도 밑변의 길이와 높이가 같기만 하면 삼각형의 넓이가 모두 같겠구나. 이런 삼각형들 모두 밑변의 길이가 같으니 높이만 같으면 되겠구나.'

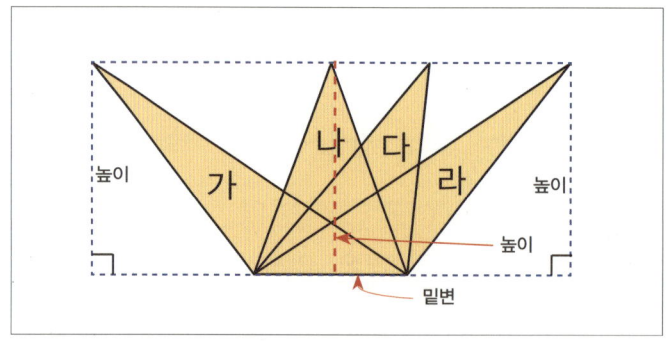

드디어 실마리를 찾았어요. 큰 삼각형을 네 개의 삼각형으로 나눌 때 높이와 밑변의 길이만 같게끔 나눠 보면 되는 거였지요. 오디세우스는 어서 동굴에서 나가서 큰 삼각형 모양의 땅의 길이를 재 보고 싶었어요. 마음이 바빠진 오디세우스는 거인이 깨지 않는 이상 나갈 수 없다는 것을 잘 알면서도 잠이 안 와 뜬눈으로 밤을 새웠어요.

드디어 아침이 되어 외눈박이 거인이 깨어났어요. 오디세우스는 자신의 생각이 맞는지 확인하고 싶어 외눈박이 거인에게 얼른 그곳에 가 보자고 했어요.

오디세우스는 거인이 데려다준 땅에 도착하자마자 소중하게 간직하고 있었던 줄자를 꺼내 길이를 재기 시작했어요. 울퉁불퉁한 모양이 아니라서 천만다행이었지요. 만약 땅의 모양이 울퉁불퉁하거나 너무나 많이 각진 모양이었다면 해결하기가 더 고약했을 거예요.

　길이를 재어 보니 세 변의 길이가 모두 같았어요. 땅이 정삼각형 모양이었던 거예요.

　'아! 일이 쉽게 풀리는군. 정삼각형 모양이라면 쉽게 네 부분으로 나눌 수 있는 방법이 있지. 단, 그 모양이 거인의 마음에 들어야 할 텐데……. 할 수 없지, 여러 방법을 말해 보고 거인에게 선택하라고 해야겠다.'

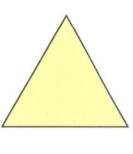

　오디세우스는 자신이 잘못 잰 것은 없는지 다시 줄자로 정확하게 재었어요. 오디세우스가 분주하게 줄자로 재는 모습을 물끄러미 바라보고만 있던 외눈박이 거인이 입을 열었어요.

　"아니, 땅 나누는 법을 보여 준다고 해서 데리고 왔더니 그건 안 보여 주고 땅 주위만 계속 돌아다녀? 안 되겠군. 너희 모두는 오늘 아침밥이 되어야겠어."

　외눈박이 거인의 성급한 말에 오디세우스는 옅은 미소를 띠며 대답했어요.

　"외눈박이 거인님, 해결은 했습니다. 다만 그 방법대로 했을 때 정확하게 네 부분으로 나뉠 수 있는지 확인하려고 했습니다."

　"뭐? 하룻밤 사이에 벌써 해결했다고? 조금이라도 빠져나갈 구명을 만들려고 나한테 거짓말하는 거 아니야?"

"외눈박이 거인님, 혹시 삼각형의 넓이를 구하는 방법을 알고 계십니까?"

갑작스런 오디세우스의 질문에 외눈박이 거인은 당황했는지 말을 더듬었어요.

"뭐, 뭐? 삼, 삼각형의 넓이? 삼각형은 알고 있는데 넓이는 어떻게 구하라는 거야? 우린 그런 거 몰라도 땅 일궈서 잘만 살았어."

"그래도 거인님이 말씀하신 대로 정확하게 네 부분으로 나누려면 이것을 아셔야 하는데요. 그래야 친구 분들께도 자신 있게 설명할 수 있지 않겠습니까?"

"그, 그건 그래. 그런데 내가 이해하지 못하면 어쩌지?"

외눈박이 거인의 풀죽은 목소리에 오디세우스는 바닥에 사각형을 그리며 자신 있게 물었어요.

"거인님, 이런 모양을 무엇이라 부릅니까?"

"그거? 아, 그건 사각형이잖아."

거인은 자신만만하게 대답했어요.

"맞습니다. 그럼 혹시 사각형의 넓이 구하는 법을 아십니까?"

"그건 잘 알지, 만약 한 변의 길이를 잴 수 있다면 다른 변의 길이도 잴 수 있을 거야. 그럼

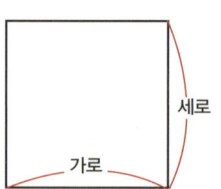

사각형의 넓이=(가로의 길이)×(세로의 길이)
=(한 변의 길이)×(한 변의 길이)

잖아. 나도 그 정도는 안다고."

"아! 그걸 아시면 거의 다 됐습니다. 우리가 이 사각형을 똑같은 삼각형 모양으로 자른다면 모두 2개가 나오지 않습니까? 그럼 삼각형의 넓이는 사각형 넓이의 $\frac{1}{2}$이라고 생각하시면 됩니다."

"뭐? 그렇게 쉬워? 그런데 모든 사각형, 삼각형에 해당되는 내용 맞아? 일부 사각형과 삼각형만 그렇게 구할 수 있는 거 아니야?"

"그럼 (사각형의 넓이)=(가로의 길이)×(세로의 길이)라는 것은 확실히 알고 있습니까?"

"그렇지, 그건 확실해. 그런데 (삼각형의 넓이)=(밑변의 길이)×(높이)×$\frac{1}{2}$이라는 것이 잘 이해가 안 가. 모든 삼각형을 다 그렇게 구할 수 있다는 거야?"

커다란 덩치에 순진한 얼굴로 묻는 외눈박이 거인의 모습에 오디세우스는 무섭기는커녕 웃음이 나왔어요.

"거인님, 제가 삼각형의 넓이를 구하는 방법을 여러 가지로 알고 있습니다. 먼저 단위넓이를 이용하는 방법입니다. 삼각형의 한 꼭짓점에서 밑변에 직선을 그으면 두 개의 작은 삼각형으로 나뉘지요? 이때 각각의 작은 삼각형과 똑같은 삼각형을 거꾸로 붙이면 원래의 삼각형 넓이보다 두 배인 직사각형을 만들 수 있습니다. 그

렇다면
(삼각형 넓이)=(직사각형의 넓이)×$\frac{1}{2}$
=(밑변의 길이×높이)×$\frac{1}{2}$

이 됩니다. 그림을 보시면 이해가 더 빠를 겁니다."

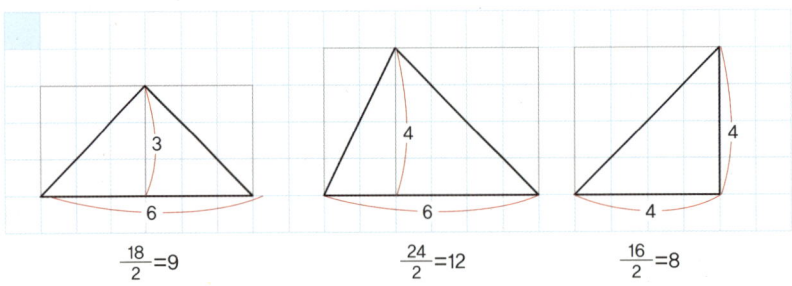

$\frac{18}{2}=9$ $\frac{24}{2}=12$ $\frac{16}{2}=8$

외눈박이 거인은 빙그레 웃으며 설명하는 오디세우스를 보며 조금은 이해가 간다는 듯 고개를 끄덕였어요.

"그런데 이렇게 ▲▲▲ 생긴 삼각형들은 네가 설명한 대로 작은 두 삼각형으로 나눌 수 없잖아? 이건 어떻게 넓이를 구해야 해?"

"아! 거인님, 그래도 첫 번째 방법은 이해하셨군요. 이것도 마찬가지로 사각형의 넓이를 구하는 방법으로 구할 수 있습니다. 쉽게 설명하면 사각형의 일종인 평행사변형의 넓이 구하는 방법으로 구할 수 있지요. 평행사변형의 넓이는 어떻게 구할까요?"

"어? 사각형은 알겠는데 평행사변형은 또 뭐야?"

외눈박이 거인은 뜬금없이 물어본다는 표정으로 반문했어요.

"아! 평행사변형은 마주 보는 두 변이 각각 평행인 사각형을 말

여기서 잠깐!

평행사변형의 넓이 구하기

(평행사변형의 넓이) = (직사각형의 넓이)
= (가로) × (세로)
= (밑변) × (높이)

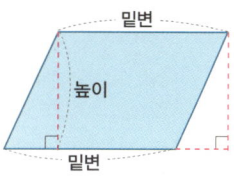

밑변과 높이란?

밑변: 평행사변형에서 평행한 두 변
높이: 두 밑변 사이의 거리

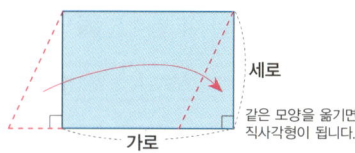

같은 모양을 옮기면 직사각형이 됩니다.

> (평행사변형의 넓이) = (밑변) × (높이)

평행사변형을 그린 다음 자를 이용해서 평행사변형 안쪽에 밑변에 수직인 선, 즉 높이를 긋고 가위로 자른 다음 두 도형을 붙여 보세요. 붙인 도형은 직사각형이 되고, 평행사변형의 밑변과 높이는 각각 직사각형의 가로와 세로가 되는 것을 알 수 있어요.

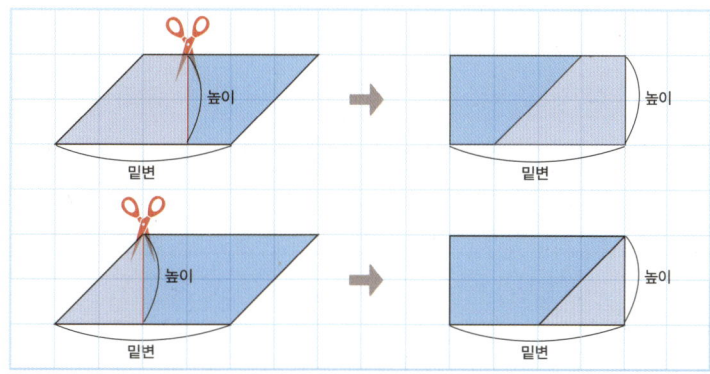

합니다. 평행사변형의 밑변의 길이와 높이만 알고 있다면 사각형으로 만들어 결국 (평행사변형의 넓이)=(밑변)×(높이)로 구할 수 있겠죠."

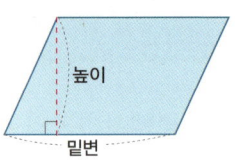

"으응, 그러네. 이렇게 보니 쉽네. 그런데 이것들은 모두 사각형이잖아. 이게 삼각형의 넓이와 무슨 관계가 있어?"

잠을 설치기도 했고, 계속되는 질문에 피곤하기도 했지만 오디세우스는 동굴에서 자신을 기다리고 있을 부하들을 꼭 구해야겠다는 일념으로 외눈박이 거인의 질문에 친절히 답했어요.

"거인님, 거인님께서 이렇게 생긴 삼각형들의 넓이는 어떻게 구하냐고 물어보셨죠? 그것은 간단합니다. 삼각형들이 어떻게 생겼든 밑변과 높이는 항상 구할 수 있지 않습니까? 그 삼각형과 똑같은 삼각형을 거꾸로 이어 붙이면 간단하게 평행사변형이 됩니다. 즉, 어떤 삼각형이든 똑같은 삼각형 두 개를 붙여 사각형을 만들면 직사각형도 되고 평행사변형을 만들 수도 있습니다. 그럼 삼각형 두 개의 넓이가 평행사변형의 넓이와 같으므로
(삼각형의 넓이)=(평행사변형의 넓이)÷2
=(밑변)×(높이)÷2
가 되겠지요. 이해가 되십니까, 거인님?"
외눈박이 거인은 고개를 끄덕였어요.

여기서 잠깐!

삼각형의 넓이 구하기

삼각형의 밑변과 높이

밑변: 삼각형 ㄱㄴㄷ에서 변 ㄴㄷ
높이: 꼭짓점 ㄱ에서 밑변에 수직으로 그은 선분 ㄱㄹ

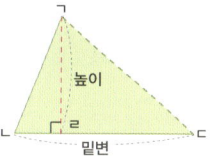

삼각형의 넓이

(삼각형의 넓이)=(평행사변형의 넓이)÷2
　　　　　　＝(밑변)×(높이)÷2

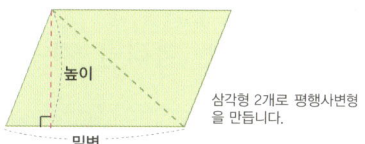

삼각형 2개로 평행사변형을 만듭니다.

> (삼각형의 넓이)=(밑변)×(높이)÷2

평행사변형이나 직사각형을 그린 다음 도형의 이웃하지 않는 두 꼭짓점을 이은 대각선을 따라 가위로 잘라 보세요. 잘려진 두 도형은 서로 합동이 된답니다. 즉 삼각형의 넓이는 평행사변형이나 직사각형 넓이의 반이 된다는 것을 알 수 있어요. 따라서 (삼각형의 넓이)=(밑변)×(높이)÷2로 구할 수 있지요.

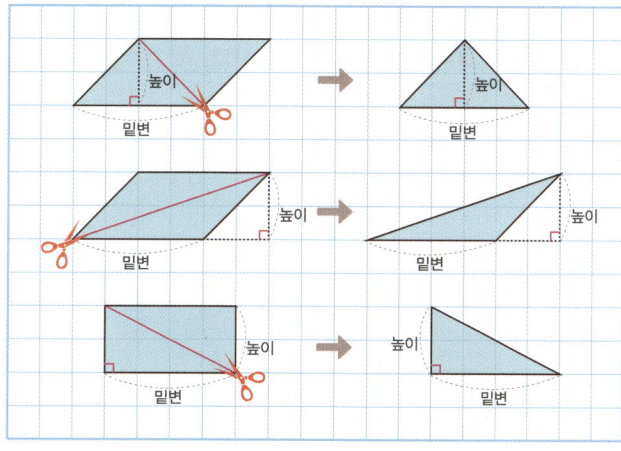

"외눈박이 거인님, 사실 여기 있는 이 한 장의 종이를 사용해 종이접기로도 삼각형의 넓이를 구할 수 있습니다."

오디세우스는 빙그레 웃으며 종이를 삼각형 모양으로 잘랐어요.

"응? 어떻게 종이접기를 이용해서 삼각형의 넓이를 구한다는 거야? 그건 너무 무리 아니야? 나 여기까지 친구들한테 설명할 수 있어. 다른 방법은 이제 안 해도 되겠어."

오디세우스는 머리를 갸우뚱거리며 손사래를 치는 거인을 빙그레 웃으며 쳐다보았어요.

"거인님, 어쩌면 이 방법이 제일 쉬울 수도 있겠어요. 직접 접으며 친구분들께 보여 줄 수 있으니……. 자, 따라해 보세요!"

오디세우스와 거인은 쪼그려 앉아 종이접기를 하기 시작했어요.

종이접기를 하며 설명해 주자 외눈박이 거인은 삼각형의 넓이 구하는 방법을 이해한 듯했어요.

"응, 이제 알겠어. 사각형의 넓이, 삼각형의 넓이 구하는 것 모두……. 그런데 나는 원래 양을 키우던 삼각형 모양의 우리를 넓이가 똑같게 4개로 나누고 싶을 뿐이야. 그런데 이런 넓이 구하는 방법만 알면 다 해결되는 건가? 나는 어떻게 땅을 나눠야 할지 모르겠는데……. 너는 알고 있어? 알고 있으면 그걸 설명해 줘야지, 이런 복잡한 것만 얘기하면 어떻게 해? 이렇게 말하면 친구들한테도 분명 핀잔만 들을 것이 뻔해. 너, 날 놀리는 거야?"

여기서 잠깐!

색종이를 접어 삼각형의 넓이 구하는 방법

1. 삼각형이 되도록 색종이를 접습니다.

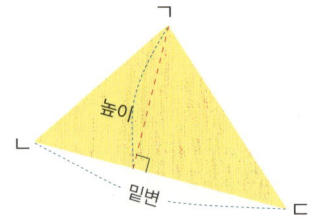

2. 삼각형을 오리고 기호를 붙입니다.

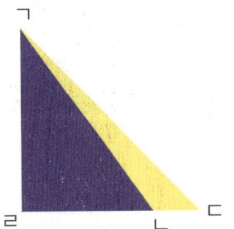

3. 변 ㄱㄹ이 변 ㄹㄷ에 수직이 되도록 접습니다.

4. 점 ㄱ이 점 ㄹ에 오도록 접습니다.

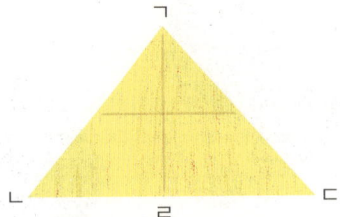

5. 삼각형을 펼쳐 윗부분에 있는 작은 삼각형 2개를 오립니다.

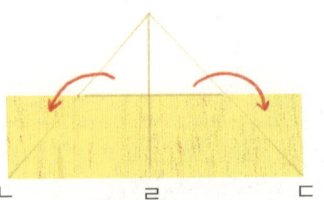

6. 오린 작은 삼각형 2개를 옮겨서 직사각형을 만듭니다.

오디세우스에게 설명을 듣던 외눈박이 거인은 갑자기 얼굴이 붉으락푸르락 달아오르며 화를 냈어요. 오디세우스는 예상하지 못한 거인의 반응에 당황했지만 이내 침착하게 말을 받았지요.

"거인님, 말은 끝까지 들으셔야지요. 어차피 우리가 지금 땅 모양을 보려고 일찍 나와 아직도 아침입니다. 거인님 친구분들은 아직도 자고 있을 거예요. 그러니 끝까지 듣고 친구분들께 설명하러 가셔도 늦지 않습니다."

그제야 거인은 풀죽은 목소리로 오디세우스에게 미안하다는 듯 말했어요.

"아, 그런가. 우리가 일찍 나오긴 했나 보군. 말을 끝까지 안 듣고 화내서 미안해. 나는 시간이 많이 없는 줄 알았어. 친구들이 날 놀릴 거라는 생각만 하면 화가 나서 참을 수가 없거든. 너도 그래?"

"거인님, 놀리는 것을 좋아하는 사람은 없습니다. 그리고 제가 설명하는 대로 친구분들께 얘기하신다면 절대로 놀림거리는 되지 않으실 겁니다. 그리고 설명하실 때 친구분들이 잘 이해를 못하면 그것도 이해를 못 하느냐고, 생각은 하며 듣는 거냐고 핀잔도 주시고, 호통도 치십시오. 하하하."

오디세우스의 대답에 만족한 듯 외눈박이 거인도 따라서 호탕하게 웃었어요.

"하하하, 너는 인간이지만 나와 통하는 게 있는 것 같아. 그럼 마저 설명해 봐."

"네, 제가 거인님이 양을 키우셨던 우리를 재어 보니 각 변의 길이가 같은 정삼각형이었습니다. 정삼각형이라 더 쉽게 풀릴 수 있겠어요. 각 변을 등분하여 등분한 점끼리 이으면 4개의 정삼각형이 됩니다. 이 4개의 밑변과 높이는 항상 같을 것이므로 4개의 정삼각형의 넓이 또한 같겠지요? 이걸 설명하기 위해 삼각형의 넓이를 그렇게 구하고 설명한 것입니다. 이제 이해되십니까?"

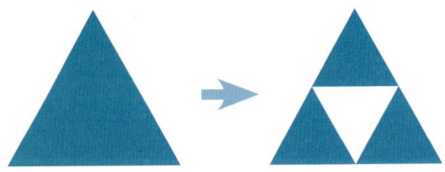

"우와, 그러네. 이제야 알겠어. 그런데 이거 말고 또 다른 방법은 없어? 위쪽 정삼각형 땅을 갖는 친구가 가는 거리가 멀다고 불평할 것 같아. 나는 한 친구라도 불평하는 친구가 있으면 참지를 못하거든."

외눈박이 거인의 말에 오디세우스는 빙그레 웃으며 답했어요.

"왜 없겠습니까? 삼각형의 한 꼭짓점에서 마주 보는 변을 사등분해서 그 꼭짓점이랑 이으면 밑변이 같고 높이가 같은, 결국 넓이가 같은 삼각형 네 개로 나눌 수 있습니다. 이렇게 되면 각자 자기 땅

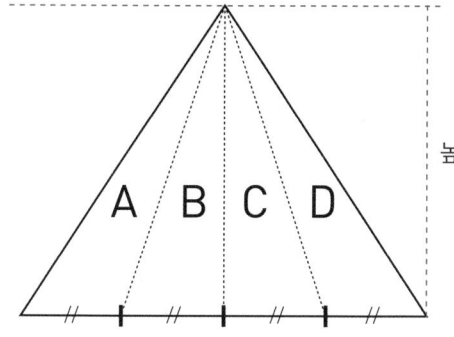

삼각형 A의 넓이=삼각형 A의 넓이
=삼각형 B의 넓이
=삼각형 C의 넓이
(높이와 밑변의 길이가 같으므로 세 삼각형의 넓이는 같아요.)

의 끝까지 가는 시간도 비슷하게 걸릴 거예요. 어떻습니까?"

그림을 뚫어지게 보던 외눈박이 거인은 갑자기 미친 듯이 박수를 치기 시작했어요.

"우와, 너 진짜 똑똑하다. 내가 사람을 보는 눈이 있긴 있어. 너라면 풀 수 있을 줄 알았거든. 나는 이게 더 좋아. 길쭉한 모양이지만 나름 친구들하고 같이 걸어가며 양을 키울 수도 있을 테고……. 정말 고마워. 내가 돌아올 때까지 동굴 안에서 기다려. 친구들을 만나고 올게."

외눈박이 거인 역시 흡족해하며 다른 거인 친구들을 만나러 갔어요. 하지만 친구들을 만나러 나간 외눈박이 거인은 한참을 기다려도 오지 않았지요. 오디세우스와 그의 부하 11명은 초조했지만 기다릴 수밖에 없었어요. 거인이 큰 돌로 입구를 막아 버려서 동굴 안에서 꼼짝할 수가 없었기 때문이에요.

드디어 문이 조금씩 열렸어요. 그런데 거인만 있는 것이 아니라 거인의 친구들까지 들어오지 않겠어요? 오디세우스와 그의 부하들은 겁에 질려 구석에서 오들오들 떨 수밖에 없었지요. 그때 오디세우스가 용기를 내어 말했어요.

"외눈박이 거인! 외눈박이 거인! 잊었소? 문제를 해결하기만 하

면 우리를 풀어 준다고 하지 않았소?"

오디세우스의 원망이 섞인 말투에 외눈박이 거인은 그게 무슨 뜻이냐는 듯한 표정으로 받아쳤어요.

"맞아! 나는 한 번 한 약속은 반드시 지켜. 걱정하지 마!"

"그, 그런데 다른 거인들은 왜 데리고 온 겁니까?"

당당한 오디세우스의 항변에 외눈박이 거인은 얼굴이 붉어지며 부끄러운 듯 말을 이었어요.

"오디세우스, 나 하나만 더 부탁해도 될까? 꼭 해결하고 싶은 일이 있는데, 내 머리로는 도저히 안 풀려. 이 친구들도 궁금해하는 문제여서 같이 왔어."

오디세우스는 화들짝 놀라며 당황한 나머지 같은 말을 반복할 수밖에 없었어요.

"아니, 거인님. 이 문제를 해결하면 우리를 놓아주신다는 약속, 잊으셨습니까? 거인족들은 약속을 반드시 지킨다는 소문이 있었는데 헛소문이군요."

오디세우스의 말에 외눈박이 거인은 금세 풀이 죽어 말했어요.

"오디세우스, 미안해. 그냥 부탁 한 번 해 봤어. 너희 일행을 놓아주는 건 하늘에 맹세코 지킬 거야. 다만 내 머리로는 전혀 풀 수 없는 거라 도움을 받고 싶었어. 도와주고 싶지 않다면 그냥 떠나도 돼. 하지만 도와만 준다면 바다의 신 포세이돈의 아들 폴리페모스

여기서 잠깐!

넓이가 같은 삼각형

아래 4개의 삼각형은 밑변의 길이와 높이가 각각 4cm, 3cm이므로 넓이가 모두 6cm로 같아요. 이와 같이 밑변의 길이와 높이가 같은 삼각형은 모양에 관계 없이 그 넓이가 같답니다.

를 소개시켜 줄게. 폴리페모스는 미래를 볼 수 있기 때문에 고향으로 가는 길을 정확히 알려 줄 수 있을 거야. 어때? 내 부탁 해결할 수 있도록 도와주겠어?"

오디세우스와 그의 부하들은 잠깐 고민이 되었어요. 고향에 빨리 돌아가고픈 마음은 컸으나 신들의 예언도 한 번 들어 보고 싶었지요. 오디세우스와 부하들은 한참을 의논한 후 외눈박이 거인을 도와주고 예언을 듣자고 결론을 내렸어요. 아무래도 신들의 예언이 이 험난한 모험을 뚫고 나가는 데 결정적인 도움이 될 거라는 것을 모르는 이는 없었답니다.

"좋소, 외눈박이 거인, 도대체 해결하고 싶은 문제가 무엇인지 들어나 봅시다. 듣고 풀기 어렵거나 시간이 많이 걸린다면 우리는 바로 포기하고 떠나겠소. 괜찮겠소?"

예전처럼 두려움에 떠는 목소리가 아니라 당당하게 요구하는 오디세우스의 목소리에 외눈박이 거인은 잠깐 당황했지만, 혹시나 자신의 부탁을 거절할까 싶어 한껏 부드러운 목소리로 답변했어요.

"고마워, 오디세우스. 너의 도움은 잊지 않을 거야. 그럼, 시간이 없으니 얼른 내 친구의 집으로 가 보자고. 먼저 보여 줄 것이 있어. 너희를 해치려는 것은 아니니 걱정하지 말고 따라와."

외눈박이 거인과 그의 친구들, 오디세우스 일행이 도착한 곳은 또 다른 동굴 입구였어요. 외눈박이 거인의 동굴보다 훨씬 규모도 크고 오래된 듯 보였지요. 동굴 입구에 도착하자마자 거인들 여럿이 문에 매달려 큰 돌문을 옆으로 밀어 놓은 후 다같이 들어갔어요. 안으로 들어간 오디세우스 일행은 깜짝 놀랄 수밖에 없었답니다. 외눈박이 거인의 동굴보다 훨씬 큰 규모의 동굴임에도 햇살이 따듯하게 들어오도록 한쪽 벽면을 뚫어 창처럼 만든 것도 신기했지만, 미개한 줄로만 알았던 거인족에게도 이런 아름다움을 느낄 수 있는 문화가 있다는 것 자체가 놀라웠지요. 오디세우스와 그의 부하들은 몇 분 동안 할 말을 잊은 채 뚫어져라 그 벽면을 쳐다보고만 있었어요. 오디세우스의 눈치만 살피던 외눈박이 거인은 그 순간을 놓치지 않고 말을 꺼냈지요.

"너희도 그럴 줄 알았어. 여긴 이 섬의 거인족들이 모여 의논도 하고 식사도 같이 하며 편안하게 쉴 수 있는 공동의 공간이야. 우리 모두가 사냥을 나갔다가 이곳을 발견했어. 실은 벽화라고 해야 할지, 아니면 무늬라고 해야 할지 그것 때문에 모두가 이곳을 탐냈지. 그래서 어느 누구의 것으로 하지 않고 모두가 쓸 수 있는 공동의 공간으로 두기로 했어. 그런데 말이야, 우리는 이 무늬를 어떻게 그렸는지 너무 궁금해. 이게 모양이 같으면서도 다른 것 같고 서로 꼭 들어맞으면서도 다른 모양 같기도 하고. 혹시 너희 나라에는 이런 무늬를 그릴 수 있는 사람이 있었어?"

외눈박이 거인의 질문에도 오디세우스는 미동도 하지 않은 채 골똘히 생각에 잠겼어요. 한 낱말이 생각이 날 듯 안 날 듯 답답한 것이 미칠 지경이었으나 부하들 앞에서 티를 낼 수도 없는 노릇이었지요.

"테, 테, 음, 테셀……?"

오디세우스의 웅얼거림에 외눈박이 거인은 답답한 듯 말을 이었어요.

"테, 테셀? 오디세우스, 지금 내 질문을 듣고는 있어? 아무리 내 문제를 해결해 줬다고는 해도 나를 무시하는 행동은 참을 수 없는데……."

눈을 부릅뜨고 말하는 외눈박이 거인의 태도에 퍼뜩 정신을 차린 듯 오디세우스가 외쳤어요.

여기서 잠깐!

테셀레이션이란?

테셀레이션(tessellation)은 평면 도형을 겹치지 않으면서 빈틈이 없게 모으는 것을 말해요. 쪽매맞춤이라고도 하지요. 정다각형 중 쪽 맞추기가 가능한 정다각형으로는 정삼각형, 정사각형, 정육각형이 있어요. 우리 주변에서 볼 수 있는 테셀레이션의 경우는 천장, 건물, 옷감, 융단, 벽지 등이 있지요.

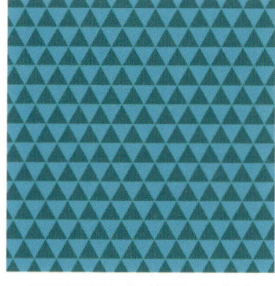
정삼각형의 테셀레이션

정사각형의 테셀레이션

정육각형의 테셀레이션

"테, 테셀레이션. 외눈박이 거인님, 이것은 테셀레이션입니다."

"테셀레이션? 그게 뭐야? 색깔도 아니고, 먹는 거야? 난 처음 들어 보는 낱말인데……."

고개를 갸우뚱거리며 말하는 외눈박이 거인의 모습에 오디세우스는 빙그레 웃으며 답했어요.

"외눈박이 거인님, 저희 고향 이타케는 섬이기 때문에 배를 타고 이리저리 떠돌아 다니는 가난한 예술가들이 많습니다. 제 아내 페넬로페는 그들의 재주를 높이 사서 먹을 음식을 항상 대 준다든지, 재료를 무상으로 대신 구입해 주기도 했습니다. 어느 날 그중 한 예술가가 페넬로페의 마음이 고맙다며 우리 부부의 침실을 테셀레이션으로 꾸며 준다고 하더군요. 저도 '테셀레이션'이란 낱말을 처음 듣는 터라 궁금하기도 했고, 빠른 시간 내에 침실을 꾸미려면 도움이 필요하다고 해서 그 예술가를 도와준 적이 있습니다. 완성해 보니 처음의 모습과는 달리 웅장하고 세밀하지만 원리는 간단한 듯 보였어요. 처음 해 보는 제가 잘 따라 했으니 말이죠. 같은 문양을 오려 빈틈이 생기거나 겹치지 않게 이어 붙여 나가거나 돌려서 그리기도 하고, 혹은 뒤집어 대칭으로 그려도 멋진 모양이 나오죠. 저랑 같이 간단한 모양으로 해 보실까요?"

오디세우스는 자신의 짐보따리에서 큰 천을 꺼내 크기가 같은 작은 정사각형 모양으로 여러 개를 잘라 냈어요. 잘라 낸 작은 정사각형 모양의 천 하나를 가지고 와서는 붓을 꺼내 들며 외눈박이 거인을 향해 말했지요.

"자, 외눈박이 거인님. 잘 보십시오. 이 작은 천의 윗변에 간단한 선을 하나 그리고, 아 옆에도 선을 하나 그릴까요? 이렇게!(①~②)"

오디세우스가 작은 천에 그리는 선은 매우 간단해서 외눈박이 거인도 코웃음을 칠 정도였어요.

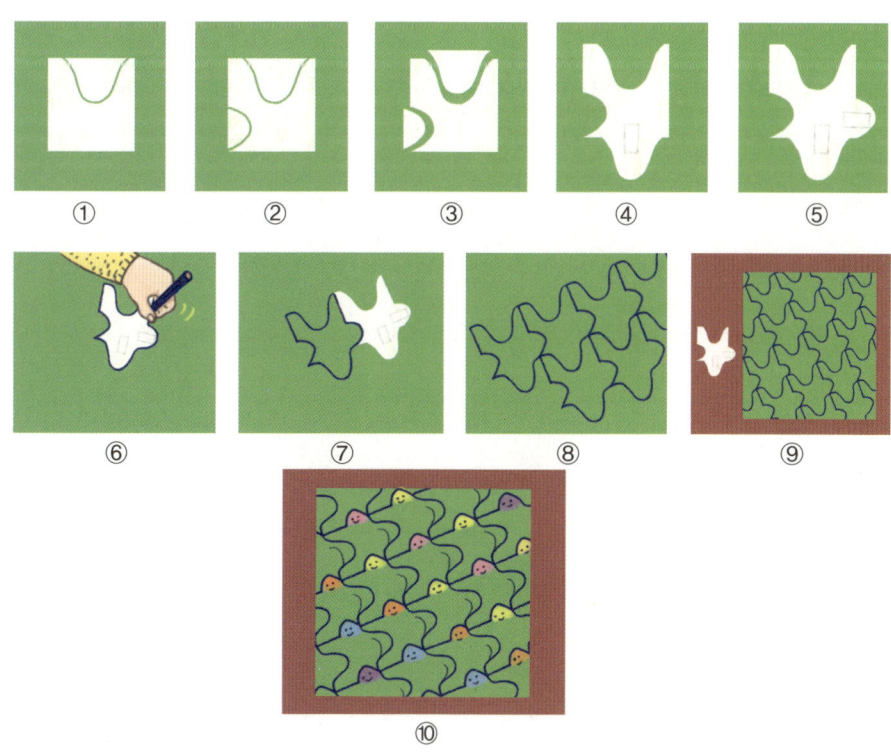

"오디세우스, 테셀레이션이라는 듣도 보도 못한 낱말을 거창하게 말하기에 깜짝 놀랐잖아. 겨우 천 조각에 선이나 긋는 것이 테셀레이션이라는 거야? 도대체 알면서 설명하는 거 맞아?"

외눈박이 거인의 야유에도 어떤 반박이나 대꾸도 없이 오디세우스는 설명을 이어 갔어요.

"이렇게 간단히 그린 선을 오려 보죠.(③) 오린 후에는 위에서 오린 조각을 그대로 밀어 아래에 붙이고(④), 왼쪽에서 오린 조각을 그대로 밀어 오른쪽에 붙입니다(⑤). 단 밀어서 붙일 때는 반드시 원래 있었던 자리만큼 떼고 붙여야 해요. 이렇게 말입니다.(④~⑤) 이러면 처음 정사각형 모양의 천 조각과는 전혀 다른 모양이 되죠?"

"흠, 그러네. 그런데 그게 어떻다는 거야?"

오디세우스는 시큰둥한 외눈박이 거인의 말에도 아랑곳하지 않고 동굴 안에 있던 큰 가죽을 구해 와서는 모양을 만든 천 조각을 대고 촘촘히 그려 나가기 시작했어요. 천 조각으로 만든 모양을 대고 빈틈없이 그려 나가자 별 볼 일 없는 작은 무늬라 생각했던 것이 어느덧 빈 공간을 꽉 채우며 커다란 그림을 이루기 시작했지요.(⑥~⑩) 오디세우스가 색연필로 하나하나 다른 색을 칠하자 외눈박이 거인의 눈이 점점 커졌어요.

"오디세우스, 내가 오해했어. 미안해. 난 네가 조그만 천 조각을 가지고 쪼물딱, 쪼물딱하길래 잘 알지도 못하면서 나한테 설명하는 줄 알고 무시했어. 이 테셀레이션이라는 것은 간단하면서도 다양한 그림이나 문양이 나올 수 있는 거네. 나도 하나 만들어 보고 싶어. 정사각형 모양 천 하나만 줘 봐."

"네, 외눈박이 거인님. 그럴 줄 알고 여기 많이 오려 놓았습니다. 마음껏 쓰십시오. 틀려도 되니 마음대로 만들어 보세요."

오디세우스와 그의 부하들, 외눈박이 거인과 그의 친구들은 정사각형 모양의 조그만 천을 가지고 직선을 그렸다가 곡선을 그렸다가 하며 작은 조각을 만들어 이리 그리고 저리 그렸어요. 그럴 때마다 신기하게 물고기도 되고 새도 되고 심지어는 집도 되었지요. 누가 그리든지 다양하게 나오는 그림들로 인해 외눈박이 거인과 친구들은 너무나 신기해했어요.

"오디세우스, 정말 고마워. 나는 이 동굴 속의 벽화가 너무 맘에 들어서 집을 이렇게 꾸미고 싶었거든. 그런데 네 덕분에 정말 쉽게 방법을 알게 되었어. 이게 네 말처럼 간단하면서도 완성하고 나니 근사하네. 얼른 집에 가서 해 봐야겠어."

외눈박이 거인은 기쁜 나머지 눈물을 글썽이며 오디세우스의 손을 잡고 말했어요. 오디세우스는 눈치를 보다가 그 틈을 놓칠세라 얼른 외눈박이 거인에게 앞으로 있을 자신의 항해에 대해 알려 줄 친구를 소개해 달라고 청했지요.

그러자 외눈박이 거인이 같이 온 거인들 중 한 명을 소개시켜 주며 말했어요.

"너를 위한 거야. 우리가 계속 고민했던 것을 해결해 줘서 고마워. 내 친구 폴리페모스는 바다의 신 포세이돈의 아들이야. 먼 미래를 볼 수 있는 친구지. 궁금한 것이 있으면 물어보라고 데려왔어."

그제야 안도의 한숨을 내쉰 오디세우스와 그의 부하들은 폴리페모스에게 얼른 물어보았어요.

"우리가 고향을 떠나온 지 벌써 10여 년이 흘렀소. 끝나지 않을 것 같던 전쟁이 끝나고 지금 고향으로 돌아가는 중이오. 혹시 우리가 언제쯤 고향에 돌아가게 될지 알려 줄 수 있겠소?"

폴리페모스는 눈을 감고 깊게 생각하는 듯했어요. 한참 시간이 흐른 뒤 폴리페모스는 말하기 시작했지요.

"신께 큰 잘못을 했구려. 아폴론 신의 노여움으로 돌아갈 길이 막혀 있소. 돌아가게 되더라도 다시 10년 정도의 시간이 흘러 신의 노여움이 누그러지면 돌아갈 수 있겠소."

절망적이었어요. 신들의 노여움이 언제 누그러질지, 그들 앞에 어떤 위험이 닥칠지 예상할 수도 없었지요. 오디세우스는 다 포기하고 싶은 마음을 억누른 채 마지막 질문을 했어요.

"그럼 우리가 어떻게 해야 신의 노여움이 풀어지겠소?"

폴리페모스는 고개를 절레절레 저으며 천천히 말했어요.

"한 가지 방법이 있기는 한데 인간의 힘으로는 해 내기 힘든 것이오. 아예 포기하고 여기서 우리랑 같이 사는 것이 어떻겠소? 이곳은 기후도 좋고 먹을 것도 풍족하오."

그 말을 들은 오디세우스의 부하들은 웅성웅성 동요하기 시작했어요. 고향에 돌아갈 필요 없이 여기 남자는 부하들도 있었지요.

"안 되오, 우리는 고향에 가족들을 두고 왔소. 그들은 10년이 넘는 세월을 아무 말 없이 우리를 기다리고 있소. 여기서 포기한다는 것은 말이 안 되오. 우리는 꼭 가족 곁으로 돌아가야 하오. 꼭 도와주시오. 그 방법이 무엇인지 말해 주시오. 폴리페모스!"

"흠, 그럼 혹시 바다 괴물 스킬라와 카리브디스에 대해 들어 봤소?"

오디세우스는 그 이름을 듣자마자 낮게 탄식했어요. 오디세우스도 그 괴물에 대해 이미 잘 알고 있었지요. 뱃사람들 모두 항해 전, 그 괴물을 만나지 않게 해 달라는 것이 가장 큰 기도였거든요. 그래도 할 수 없었어요. 폴리페모스는 말을 계속했지요.

"표정이 어두워지는 걸 보니 알고 있군. 그럼 어떻게 해야 하는지도 깊게 생각해 봐야 할 거요. 나도 이건 도와줄 수 없구려. 답은 아무도 모르니까……. 운이 좋아 스킬라와 카리브디스를 빠져나오더라도 고향으로 돌아가기는커녕 님프 세이렌을 만나게 될 거요.

세이렌은 그 미모만큼이나 지략도 뛰어나 퀴즈로 겨루는 것을 좋아하오. 만약 세이렌을 상대로 지략을 겨뤄 이긴다면 고향까지 가는 길을 알려 줄 것이오. 그러나 세이렌을 이기지 못한다면 그 노래에 홀려 결국 고향으로 돌아가지 못하고 평생을 세이렌에게 붙잡혀 있게 될 거요. 그래도 떠나시겠소?"

폴리페모스의 예언에 오디세우스는 절망감마저 들었지만 고향에는 꼭 돌아가야 했어요. 오디세우스는 폴리페모스의 예언에 감사 인사를 전한 후 항해 준비를 시작했답니다.

외눈박이 거인 역시 양젖이며 치즈, 각종 열매들을 챙겨 주었어요. 아무리 많이 챙겨 주어도 오디세우스가 문제를 해결해 준 고마움에는 비할 바가 아니었답니다. 몇 달을 항해해도 끄떡없을 만큼 배 안에 음식이 그득했지요. 드디어 떠나는 날, 오디세우스는 외눈박이 거인과 폴리페모스에게 감사 인사를 했어요. 오디세우스호는 앞으로 닥칠 험한 일에 대한 걱정은 뒤로한 채 고향에 돌아갈 수 있다는 부푼 마음을 앞세워 힘차게 출발했답니다.

 내용 정리

➕ 3개 이상의 선분으로 둘러싸인 도형을 **다각형**이라 합니다. 우리가 흔히 말하는 삼각형, 사각형, 오각형, 육각형 등은 모두 다각형이지요. 변의 길이와 각의 크기가 모두 같은 다각형은 **정다각형**이라고 합니다. 정삼각형, 정사각형, 정오각형, 정육각형 등은 모두 정다각형입니다. 원은 도형이지만 선분으로 둘러싸여 있지 않으므로 다각형은 아니지요.

➕ 점, 직선, 곡선, 다각형, 원과 같이 길이나 폭만 있고 두께가 없는 도형을 **평면도형**이라고 해요.

➕ 다각형 중에서도 네 개의 변과 네 개의 각으로 이루어진 도형을 **사각형**이라고 하지요. 사각형은 이름이 매우 다양해요. 그 특징에 따라 **사다리꼴**, **평행사변형**, **마름모**, **직사각형**, **정사각형** 등으로 다양하게 불린답니다. 한 쌍의 변이 평행한 사각형을 **사다리꼴**, 두 쌍의 변이 평행한 사각형을 **평행사변형**, 네 개의 변의 길이가 모두 같은 사각형을 **마름모**, 네 개의 각이 모두 같으면서 직각인 사각형을 **직사각형**, 네 변의 길이가 같고 네 각이 모두 같은 사각형을 **정사각형**이라 부릅니다. 이렇게 설명하면 다 다른 것 같지만 실은 정사각형은 네 변의 길이가 같고 네 각이 같아 두 쌍의 변 또한 평행하므로 사다리꼴, 평행사변형, 마름모, 직사각형이라고 불릴 수도 있죠. 직사각형 또한 두 쌍의 변이 평행하니 사다리꼴, 평행사변형으로 불릴 수도 있고요. 복잡해 보이지만 원리를 알면 쉬우니 잘 생각해 보세요.

생활에서 **수학 읽기**

타일과 조각보 속에 숨겨진 수학

우리 주변에서 흔하게 볼 수 있는 것이 타일입니다. 혹시 집의 욕실이나 부엌 벽, 현관에 오밀조밀하게 붙어 있는 여러 가지 색깔의 타일들을 본 적이 있나요? 전혀 흐트러짐 없이, 조금의 빈틈도 없이 일정한 간격으로 붙어 있는 타일들을 보면 마치 하나의 큰 그림으로 보이지요? 하지만 자세히 보면 크고 작은 모양의 삼각형, 사각형, 육각형들이 일정한 간격으로 붙어 있는 것을 볼 수 있습니다.
삼각형 하나의 모양으로 수십 개가 이어져 붙어 있기도 하지만 다양한 모양을 내기 위해 많은 종류의 다각형들이 여기저기 섞여 아름다운 문양을 만들기도 합니

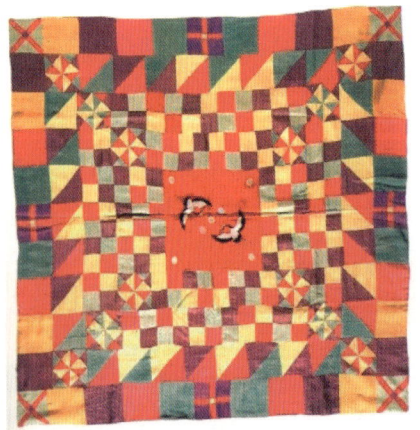 

다양한 조각보들

다. 우리 집뿐만 아니라 주변의 건물, 공원의 모자이크 벽화, 심지어는 보도블록까지 타일을 사용하지 않은 경우가 거의 없지요? 우리 전통 공예인 조각보에서도 도형의 모자이크 문양을 찾을 수 있습니다. 이외에도 어떤 타일이 일상생활에 활용되었는지 조금만 주위에 관심을 갖고 함께 찾아볼까요?

다양한 조각보들

이야기 3

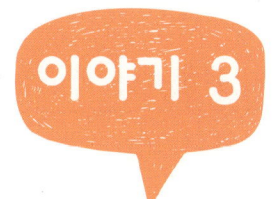

바다 괴물 스킬라와 카리브디스와의 싸움

- 다각형의 넓이
- 여러 가지 단위
- 각기둥과 각뿔
- 원의 넓이
- 원기둥, 원뿔, 구

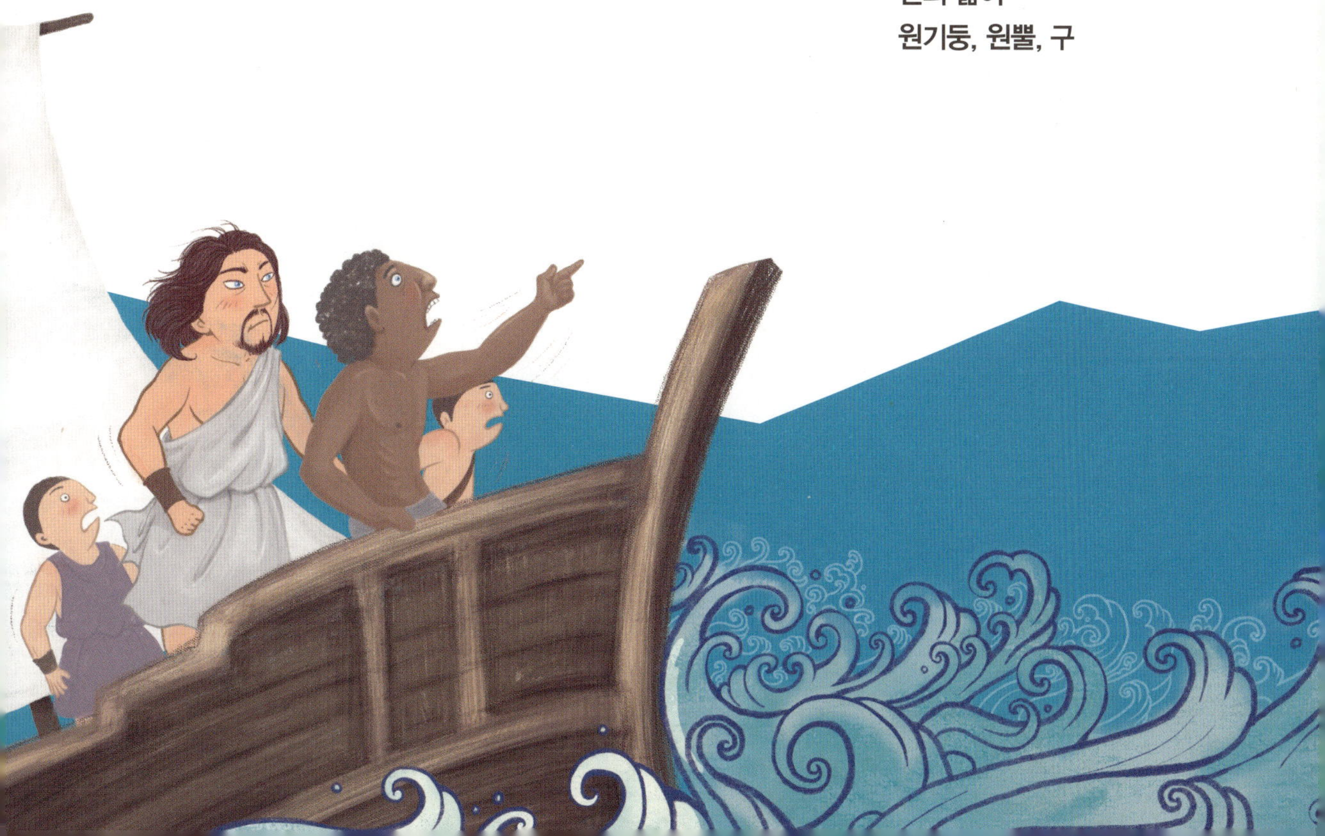

외눈박이 거인이 살고 있는 섬을 떠난 지 10여 일, 오디세우스와 그의 부하들은 마음을 놓을 수 없었어요. 언제 바다 괴물 스킬라와 카리브디스를 만날지 몰라 항상 대비를 하면서도 가급적이면 만나지 않고 지나가기를 바랐지요. 바로 그때 갑판 망루 위에서 망을 보던 한 부하가 소리쳤어요.

"바로 저기예요, 저기! 저기 무언가 있어요!"

"자넨 눈이 좋으니 생김새를 잘 보고 설명해 보거라."

오디세우스의 명령에 망루에 서 있던 부하는 몇 분간 뚫어져라 그곳을 쳐다보다 반쯤 넋이 나간 듯 말했어요.

"오디세우스 님, 저 괴물은 마치 이 세상에서 가장 큰 거인의 입만 가진 듯합니다. 그 끝을 알 수 없는 시커먼 동굴 안으로 바닷물

을 모두 빨아들였다가 다시 내뱉기를 반복합니다. 여기서 보니 한 번 빨려들어간 물고기 떼들은 다시 나오지 않습니다. 앗! 그런데 물을 빨아들이는 것도 위험해 보이지만 다시 내뱉는 바닷물에 우리가 맞는다면, 으~~ 그 뒤는 생각하기도 싫습니다."

부하의 말에 오디세우스도 배가 부서지고 뼈가 으스러지는 상상을 하며 몸을 떨었어요. 하지만 실망만 해서는 문제를 해결할 수 없었지요. 오디세우스는 자기 눈으로 직접 보고 싶었어요. 직접 확인해 봐야 무언가 확실해질 듯했지요. 망루에 올라서서 저 멀리 떨어져 있는 바다 괴물 카리브디스를 본 오디세우스는 충격에 입이 다물어지지 않았어요. 바다 괴물의 입이 너무 커서 모든 바닷물이 그리로 흘러가는 듯했지요. 하지만 바다 괴물 옆의 좁은 길을 지나가지 않고는 벗어날 수 없는 구조였어요. 만약 카리브디스의 입 안으로 들어간다면 그거야말로 더 큰일이었지요.

오디세우스는 망루에서 내려와 에우리마커스를 서둘러 불렀어요. 그러고는 배 바닥에 붓으로 그림을 그리기 시작했지요. 배가 그림으로 더러워지는 것은 생각할 겨를이 없었어요.

"자, 여기 이곳이 우리 배요. 오른쪽, 이 정도 떨어진 곳에 바다 괴물 카리브디스가 있소. 그림으로는 우리가 왼쪽으로 진행 방향을 틀어 항해하면 될 듯하지만 카리브디스가 워낙 크고, 삼키고 내뱉는 힘이 강해 주변의 바닷물을 모두 빨아들이는 것처럼 보이오."

가만히 오디세우스의 말을 듣던 에우리마커스가 2~3분간 생각하더니 자리를 털고 일어나며 말했어요.

"주인님, 그림으로 보면 해결책이 있어 보이나 제 생각이 맞는지 한 번 확인하고 오겠습니다. 잠시만 기다리십시오. 아! 그런데 주인님, 이상하지 않습니까? 거인 폴리페모스의 예언에서는 카리브디스뿐 아니라 스킬라도 있었습니다. 우리는 아직 스킬라를 보지 못했어요. 그 괴물에 대해서도 알아봐야 하지 않겠습니까?"

"에우리마커스, 시간이 많이 없소. 그리고 바다 괴물 스킬라에 대해서는 소문만 들었지 실제로 본 사람들은 없지 않소? 뱃사람들이 꾸며낸 상상 속의 괴물일 수도 있으니 일단은 카리브디스를 어떻게 피할지 그것만 생각합시다."

오디세우스의 말에 에우리마커스는 고개를 끄떡이며 얼른 망루로 올라갔어요. 10여 분의 시간이 흘렀어요. 무척 초조한 표정의 오디세우스와 달리 정작 카리브디스를 보고 온 에우리마커스는 평온해 보였지요.

"봤소? 어떤 방법이 있는 거요? 에우리마커스! 말 좀 해 보시오!"

항상 침착하고 사려 깊던 오디세우스였으나 이번만큼은 그럴 수 없었어요.

"잠깐 기다려 보십시오. 배 안에 제가 생각하는 물건들이 있는지 확인하고 오겠습니다."

"아니, 자세한 얘기는 안 해 주고 계속 기다리라고만 하니 도무지 답답해서 참을 수가 없소. 차라리 같이 얘기해서 같이 준비합시다. 에우리마커스!"

평소답지 않게 초조해 보이는 오디세우스의 모습에 에우리마커스는 이 상황에서도 웃음이 터져 나오는 것을 간신히 참았어요.

"주인님, 확인하고 말씀드리려 했더니 안 되겠군요. 자, 앉아 보십시오. 그림을 보며 설명하도록 하겠습니다. 괴물 카리브디스의 문제는 바닷물을 빨아들일 때보다도 빨아들인 바닷물을 다시 내뱉을 때입니다. 내뱉은 바닷물에 우리 배가 정면으로 맞는다면 산산조각 날 것이 뻔합니다."

"그럼, 어떻게 하면 되겠소?"

"우리 배에 쏟아지는 바닷물을 막는 돛을 만들면 되겠습니다."

"돛? 돛은 지금도 있지 않소? 저기 저곳에 달려 있는 것이 돛이지 않은가?"

오디세우스가 가리키는 곳을 응시하며 에우리마커스가 말을 이었어요.

"지금 있는 돛으로는 순식간에 쏟아지는 바닷물을 막을 수 없습니다. 저 정도 크기는 금방 물에 묻히고 말 겁니다. 한꺼번에 쏟아지는 물을 견뎌내려면, 지금과는 다른 모양의 거대한 돛을 만들어야 합니다."

"그렇다면 새로운 돛을 만들자는 것인가?"

"네. 물을 최대한 빨리, 많이 튕겨낼 수 있어야 하니 배가 견딜 수 있는 한 가장 큰 돛을 만들어야 합니다. 다만 그 모양은 저도 생각해 놓은 것이 있는데 좀 확인해 봐야겠습니다."

"나도 같이 확인하겠습니다. 하나보다 둘이 낫지 않겠소?"

오디세우스의 말에 에우리마커스는 빙그레 웃음을 지으며 말했어요.

"그럼 잠깐 기다리십시오. 재료를 준비해 오겠습니다."

잠시 뒤에 들어온 에우리마커스의 손에는 자투리 옷감과 나무 막대기 몇 개가 들려 있었어요.

"제 생각에는 돛을 아예 우산처럼 만들어 쏟아지는 물을 튕겨 나가도록 하거나, 아니면 원기둥 반만 한 모양으로 만들어 세우는 것이 어떨까 합니다."

"그런데 에우리마커스, 왜 원기둥 반만 한 모양이오? 우산 모양은 이해가 되는데, 원기둥이라는 것은……. 삼각기둥도 있고 사각기둥, 오각기둥, 육각기둥 등 다른 각기둥들이 많은데 왜 하필 원기둥이오? 만들기도 힘들 듯한데……."

에우리마커스의 말에 오디세우스가 의아하다는 듯이 반문했어요.

"한꺼번에 쏟아지는 바닷물을 피하려면 돛이 물을 빨리 빼내야 합니다. 아무래도 사각기둥이나 오각기둥은 각이 있어 조금이라도 물을 머금고 있을 수 있지만 원기둥의 반을 자른 것을 옆으로 세워 놓으면 물이 스쳐 아래로 금방 내려가지 않겠습니까? 다만 우산 모양과 원기둥 반만 한 모양 중 어느 것이 더 나은지 둘 다 확인이 필요합니다."

　말을 마친 에우리마커스는 재빨리 준비한 옷감에서 동그란 원을 조그맣게 오렸어요. 그 헝겊에 얇은 나무막대로 부채살처럼 가느다란 나무살을 붙이니 금세 장난감 우산이 되었지요. 다른 하나는 손이 많이 가는 일이었어요. 원기둥의 전개도에서 반씩을 모두 잘라낸 후 나무 막대에 붙이는 것도 잘 붙지 않아 기다란 실로 촘촘히 엮기 시작했지요. 시간이 좀 지나니 작은 원기둥을 반으로 자른 모양이 나왔어요. 마치 말구유 같은 모양이었지요.

에우리마커스는 한 손으로 작은 우산의 손잡이를 잡은 채 위로 물을 부었어요. 그러고는 잠시 뒤 원기둥 반만 한 것을 비스듬히 세우고는 양쪽과 가운데에 받침대를 받치고 그 위로 물을 왈칵 부었어요. 잠시 후 에우리마커스가 고개를 끄덕이며 미소를 지었지요.

"해결된 것이오? 어떻게 하면 되겠소?"

에우리마커스의 웃음에 오디세우스는 안도의 한숨을 내쉬며 재차 물었어요.

"주인님, 아무래도 우산 모양은 안 되겠습니다. 한꺼번에 쏟아지는 물을 지탱할 수 있을 줄 알았으나 돛 하나에 매달려 있는 우산에 물이 쏟아진다면 물이 튕겨나가기는커녕 돛이 부러지고 말겠습니다. 하지만 원기둥의 반 정도인 이 모양으로 만들면, 말구유를 옆으로 세운 것처럼 여러 곳에 막대로 지탱하니 돛이 부러질 염려는 줄겠습니다. 또한 각이 없는 미끈한 표면 때문에 바닷물 그대로 미끄러지듯 흘러내려갈 것 같습니다. 우리는 그사이에 한 사람도 빠짐없이 사력을 다해 얼른 노를 저어 카리브디스 옆으로 빠져나오면 됩니다."

오디세우스는 에우리마커스의 말에 안심이 되면서도 과연 성공할 수 있을지 불안한 생각을 떨칠 수 없었어요. 그래도 선택의 여지가 없었지요. 카리브디스에게 접근하기 전에 배에 있는 천으로 얼른 새로운 모양의 돛을 만들어야만 했어요.

"먼저 어느 정도 크기로 해야 할지 생각해 봐야겠습니다. 될 수 있으면 최대한 크게, 배가 견딜 수 있는 한 최대한 크게 말입니다."

에우리마커스의 말에 오디세우스가 맞받아쳤어요.

"아! 그건 내가 할 수 있을 듯하오. 우리 배 길이가 20m, 너비가 9m 정도 되니, 원기둥의 높이가 15m 정도, 원기둥의 윗뚜껑의 지름은 적어도 8m 정도로 하면 될 듯하오."

"네, 제 생각도 그렇습니다."

배에 있는 모든 인원이 투입됐어요. 다행히 기존의 돛이 망가지면 다시 고칠 수 있도록 준비해 놓은 튼튼한 새 천은 많았어요. 다만 모두들 얼마만큼 잘라야 할지 몰라 쳐다보고만 있었지요. 이때 에우리마커스가 나서서 천에 원기둥의 전개도를 그리기 시작했어요.

"그런데 에우리마커스. 우리가 필요한 것은 원기둥의 반인데, 어째서 원기둥 전체의 전개도를 그리는 거요?"

오디세우스의 질문에 에우리마커스는 미소를 지으며 말했어요.

"주인님 말씀이 맞습니다. 다만 배 안에 측정 도구가 충분치 않아 정확한 계산이 이루어질 수 없어 대략적으로 그리기 위해 그렇게 했습니다."

"아! 그런 것이오? 자, 다 그렸으면 어서 만듭시다."

여기서 잠깐!

각기둥의 전개도

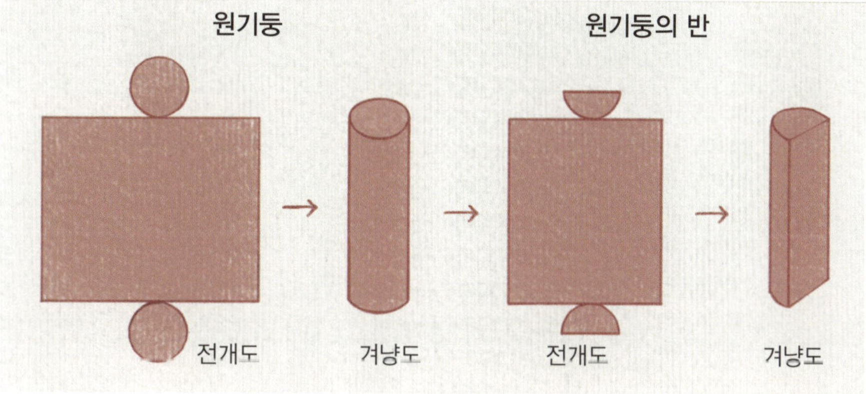

원기둥   원기둥의 반

전개도 → 겨냥도   전개도 → 겨냥도

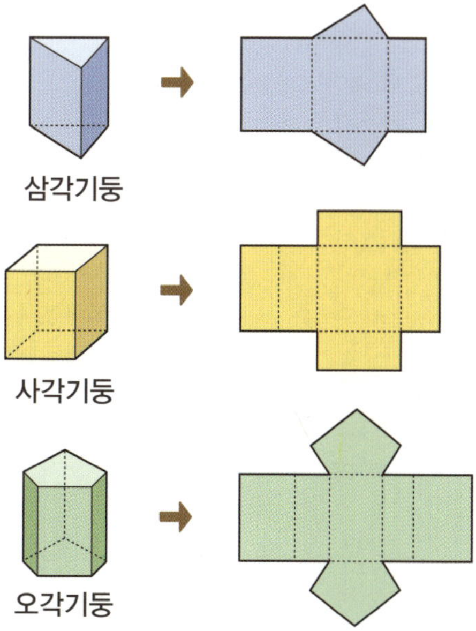

삼각기둥

사각기둥

오각기둥

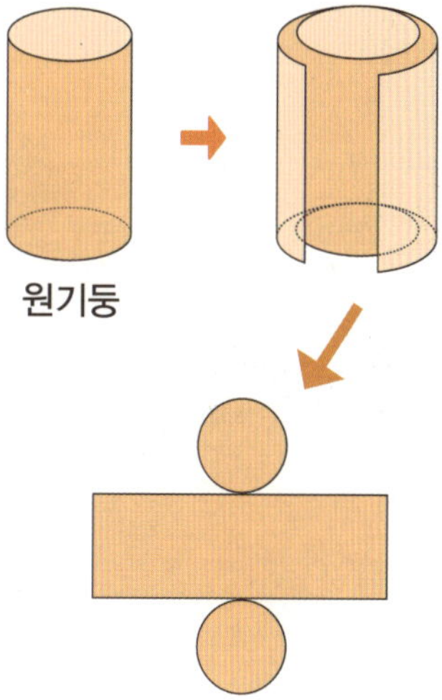

원기둥

누구랄 것도 없이 모든 이가 달려들어 자른 천을 나무 막대에 밧줄로 꽁꽁 묶기 시작했어요. 바다 괴물 카리브디스로부터 쏟아지는 물의 힘은 생각보다도 대단할 것이기 때문에 조금의 틈도 없이 꽁꽁 묶는 것이 중요했지요. 모두들 아무 일 없이 배가 무사히 괴물 옆을 지나가기만을 바라며 묵묵히 새로운 돛을 만들었어요.

드디어 돛이 완성되어 가는 순간 망루에서 다급히 외치는 소리가 정적을 깼어요.

"앗! 오디세우스 님, 주인님, 빨리 올라오십시오. 당장! 이것이 도대체 무엇인지……. 아! 이제 우리는 모두 죽었습니다."

망루에 있던 부하의 탄식에 젖은 외침에 오디세우스는 지체 없이 올라갔어요. 하지만 부하가 가리킨 곳을 보고는 오디세우스 역시 다리에 힘이 풀려 주저앉고 말았어요. 두려움을 별로 모르고 살았던 오디세우스였지만 지금은 절망과 두려움으로 가득 찼지요. 바로 그곳에 말로만 듣던 또 다른 바다 괴물 스킬라가 있었어요.

그 모습의 기괴함은 카리브디스와는 비교가 되지 않았어요. 멀리서 보니 거대한 6마리의 뱀들이 똬리를 틀고 뭉쳐 있는 듯했는데 모두 한 몸에 붙어 있었어요. 배가 가까이 갈수록 날카로운 이빨이 가득한 혀를 날름거리며 배를 삼킬 듯이 쳐다보고 있었어요. 오른쪽은 스킬라, 왼쪽은 카리브디스였지요.

오디세우스를 뒤따라와 그 괴물을 본 에우리마커스 역시 이번에는 긴장하는 빛이 역력했어요. 어디로 빠져나갈 구멍은 전혀 없었지요. 다만 최소한의 피해로 스킬라와 카리브디스 사이를 지나가기를 기도할 수밖에 없었어요.

"오디세우스 님, 어쩔 수 없이 우리가 만든 돛은 배에 세우고 최대한 스킬라 쪽으로 붙어 간다면 카리브디스의 거대한 물 폭포는 피할 수 있겠습니다. 다만 스킬라의 6개의 머리에 우리 부하들 일부가 잡혀 가는 것은 어쩔 수 없겠습니다."

오디세우스는 겁에 질린 채 에우리마커스를 보며 힘없는 목소리로 말을 이었어요.

"에우리마커스, 왠지 이번엔 우리가 이겨내지 못할 것 같소. 자네도 지금까지 나를 따라와서 고생만 하다 결국 이렇게 가는구려. 에우리마커스, 친구여. 당신은 그냥 고향에 남을 걸 그랬소."

"오디세우스 님, 비록 한 치의 희망도 보이지 않는 상황이지만 그래도 앞으로 나아가야 합니다. 이렇게 앉아서 아무것도 못 한 채 당할 수는 없습니다."

에우리마커스가 아무리 용기를 북돋는 말을 해도 오디세우스의 마음은 안정되지 않았어요. 그때 갑판 위에서 팽팽하게 돛의 줄을 잡고 있던 부하 에이콘이 불쑥 둘의 대화에 끼어들었어요.

"오디세우스 님, 저에게 좋은 생각이 있습니다."

오디세우스는 절망에 빠져 에이콘이 어떤 말을 해도 관심을 보이지 않았으나 에이콘은 주저하지 않고 말을 이었어요.

"괴물 스킬라에게는 6개의 굵고 큰 머리가 있습니다. 우리가 가진 밧줄 중 가장 굵고 튼튼한 긴 밧줄을 멀리서 던져 스킬라의 목에 걸 수만 있다면, 그것을 중심으로 스킬라의 대단한 힘을 이용해 우리 배가 빠져나올 수 있지 않을까요?"

에우리마커스는 한시가 급한 듯 에이콘에게 더 자세한 설명을 재촉했어요.

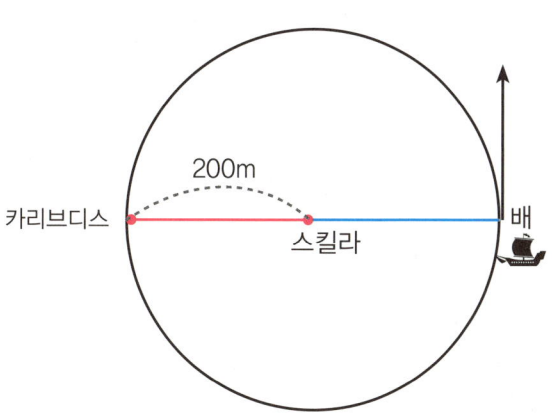

"원심력을 이용하는 겁니다. 원심력! 원 운동을 하던 물체가 원 밖으로 나가려는 힘! 이것을 이용해서 우리가 밧줄을 괴물 스킬라의 목에 걸

어 회전하다 그 밧줄을 끊으면 최대한 힘들이지 않고 스킬라에게서 벗어날 수 있지 않을까요?"

　에이콘의 설명은 매우 그럴듯했어요. 절망에 빠져 있었던 오디세우스 역시 정신을 차리고 망루에 다시 올라가 스킬라가 있는 곳을 쳐다보았어요. 그리고 원심력을 이용하여 스킬라로부터 벗어나려면 밧줄의 길이를 얼마로 해야 할지 눈짐작으로 쟀지요. 가능할지 불가능할지는 해 봐야 알 수 있었어요.

　'괴물 스킬라와 카리브디스는 서로 대략 200m 정도 떨어져 있다. 그렇다면 200m 정도의 밧줄을 사용해서 스킬라의 목에 걸면 우리는 2×3.14×200=1256m의 원의 둘레를 스킬라의 힘에 의해 돌 수 있다.(이야기 5 참고) 그 원의 둘레 중간쯤 카리브디스에게서 가장 멀리 떨어진 곳에서 밧줄을 끊으면! 아무 희생 없이 빠져나갈 수 있을지도 모른다. 그래, 그럴 수도 있겠다!'

　오디세우스는 드디어 희망이 생겼다는 듯 눈에 생기가 돌았어요. 자신을 포함한 모두가 고향에 아무 문제 없이 돌아가는 것이 그의 소원이었지요.

　"에우리마커스, 에이콘의 의견도 일리가 있소. 우리 모든 방법을 다 써 보도록 합시다. 에우리마커스, 자네의 생각대로 카리브디스가 내뿜는 물을 막기 위해 옆으로 눕혀 놓은 원기둥 모양의 돛도 만들고, 스킬라의 목에 걸기 위한 튼튼하고 굵은 밧줄도 얼른 만듭시다. 우리 모두는 반드시 이 난관을 헤쳐 나가야 하오."

오디세우스의 희망찬 말에 에우리마커스는 부하들에게 할 일을 착착 진행시켰어요. 한쪽에서는 거대한 원기둥 모양의 돛을 만드느라 분주했고, 다른 한쪽에서는 기존의 밧줄을 다시 꼬아 더 굵고 튼튼하게 만들기 시작했지요.

드디어 돛과 밧줄이 완성됐어요. 밧줄을 스킬라의 목에 거는 것만 성공한다면 카리브디스를 마주치지 않아도 빠져나갈 수 있는 일이었지요. 굵은 밧줄을 날릴 부하로 팔 힘으로는 아킬레우스도 당하지 못한다는 오디세우스의 부하, 우레노스가 뽑혔어요. 우레노스의 아버지는 신 아폴론이었시요. 비록 어머니는 인간이었으나 우레노스에게는 신의 피가 흘렀어요. 더군다나 아폴론은 파르나소스 산에 나타나 세상을 공포에 휩싸이게 한 엄청나게 큰 뱀 피톤을 화살로 쏴 죽여 화살의 신으로도 불렸어요. 그 아버지의 피를 이어받아 우레노스 또한 화살을 누구보다 잘 쏘았지요. 우레노스는 밧줄의 한쪽 끝은 자신의 발에 묶고, 나머지 한쪽 끝은 자신의 거대한 활에 단단하게 묶었어요. 그러고는 활대에 밧줄이 이어진 활을 힘겹게 걸었지요.

우레노스는 긴장한 빛이 역력했으나 사력을 다해 활시위를 당겼어요. 실패하면 끝이었지요. 한 번에 밧줄이 이어진 활을 스킬라의 목에 꽂지 못한다면 교활한 스킬라가 언제 다른 수를 쓸지 불 보듯 뻔했어요.

"지이이잉, 피용~" 드디어 우레노스의 손에서 화살이 쏜살같이 날아갔어요. "푹!" 성공이었어요! 스킬라의 목에 화살이 꽂혔지요. 그러나 바로 그 순간 밧줄 끝을 잡고 있던 우레노스는 순식간에 스킬라의 거대한 힘에 하늘로 솟구쳐 올랐다가 스킬라의 먹이가 되

고 말았어요. 우레노스의 비명 소리가 채 가실 시간도 없이 스킬라의 주변엔 핏물이 가득했지요. 우레노스의 죽음을 신 아폴론이 슬퍼했는지 그 주위에 먹구름이 꾸물꾸물 몰려오기 시작했어요. 그 광경을 똑똑히 보던 오디세우스와 부하들은 할 말을 잃었지요. 고향에 돌아가자던 전의도 잃고 말았어요.

　망연자실 주저앉은 오디세우스를 보고 에우리마커스는 마음을 다잡고 말했어요.

"자, 모두 새롭게 만든 돛을 배 위에 세우도록 하자. 어떠한 바람이나 물에도 부러지지 않도록 튼튼한 막대를 이용해서! 지지대는 얼마든지 대도 좋다. 시간이 없다. 괴물 스킬라와 카리브디스가 다가오고 있다. 서두르자!"

에우리마커스의 외침에 멍하니 있던 배에 있는 모든 사람들이 분주하게 움직였어요. 드디어 돛이 튼튼하게 세워지고 배에 있던 모든 병사들도 노를 잡았지요. 모두 에우리마커스의 명령을 기다렸어요.

"우리는 곧 여지껏 듣지도, 보지도 못한 스킬라와 카리브디스를 만나게 될 것이다. 바다에 사는 뱃사람들도 매번 만나지 않기를 기도하는 그 괴물을 지나가야 한다. 모두가 살아 나가기는 힘들 것이다. 그러나 괴물의 공격을 받아도 모두 목숨을 걸고 자기 역할을 한다면 최소한의 피해로 여기를 지나갈 수 있을 것이다. 겁먹지 말거라. 자기가 할 일에만 집중하라. 나는 배의 선두에 서서 방향을 잡아 줄 것이다."

시간이 어떻게 갔는지도 모를 지경이었어요. 괴물 스킬라와 카리브디스를 지나온 광경은 처참했어요. 부하들의 반 이상이 어떻게 사라졌는지도 모른 채 없어졌지요. 모두를 데리고 고향으로 돌아갈 수 있을 것이라는 오디세우스의 꿈은 스킬라와 카리브디스를 만나면서 산산이 부서지고 말았어요.

내용 정리

+ 입체도형이 공간에서 차지하는 크기를 **부피**라고 합니다.
+ 한 모서리의 길이가 1인 정육면체의 부피를 **단위부피**라고 합니다.
+ 각기둥의 전개도

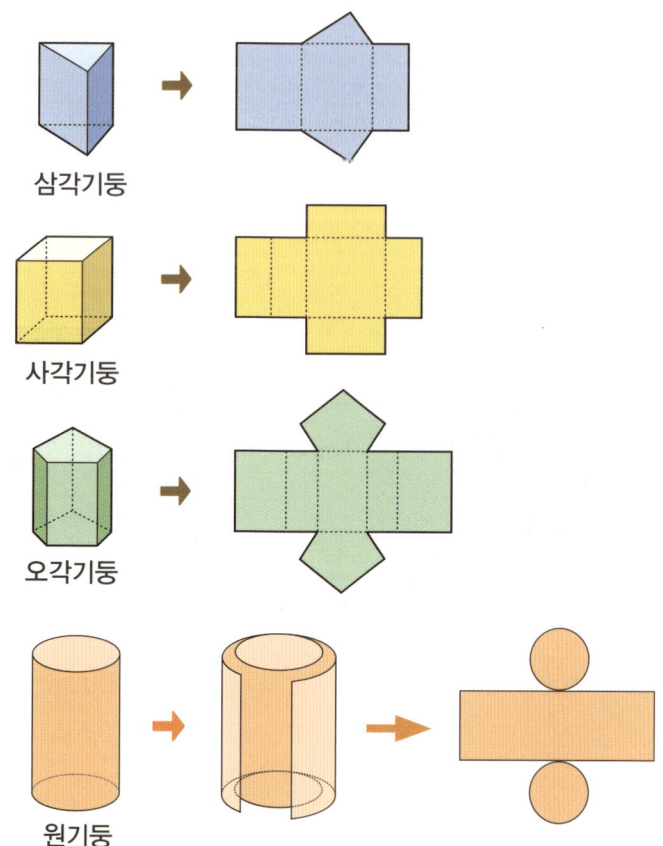

역사에서 수학 읽기

옛날에는 부피를 어떻게 나타냈을까?

부피를 나타내는 단위는 cm^3(세제곱센티미터), m^3(세제곱미터), L(리터)가 있습니다. $1cm^3$(일 세제곱센티미터)는 가로, 세로, 높이의 길이가 각각 1cm인 정육면체의 공간을 말합니다. 마찬가지로 $1m^3$(일 세제곱미터)는 가로, 세로, 높이의 길이가 각각 1m인 정육면체의 공간을 말합니다. L(리터)도 부피의 단위로 사용되는데 1L는 $1000cm^3$와 같습니다. 1mL(일 밀리리터)는 $\frac{1}{1000}$ L를 나타내며 1mL는 $1cm^3$와 같습니다.

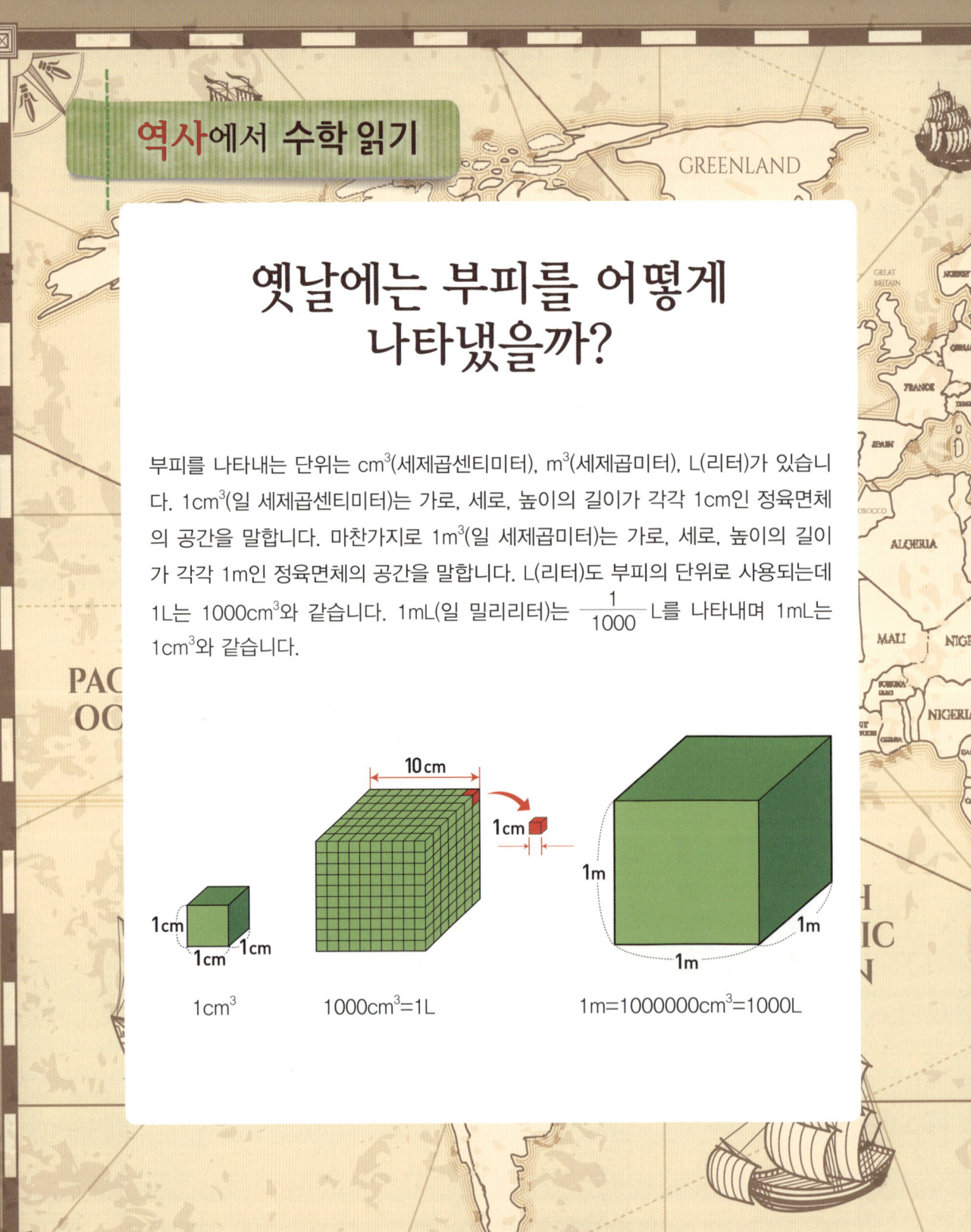

$1cm^3$ $1000cm^3=1L$ $1m=1000000cm^3=1000L$

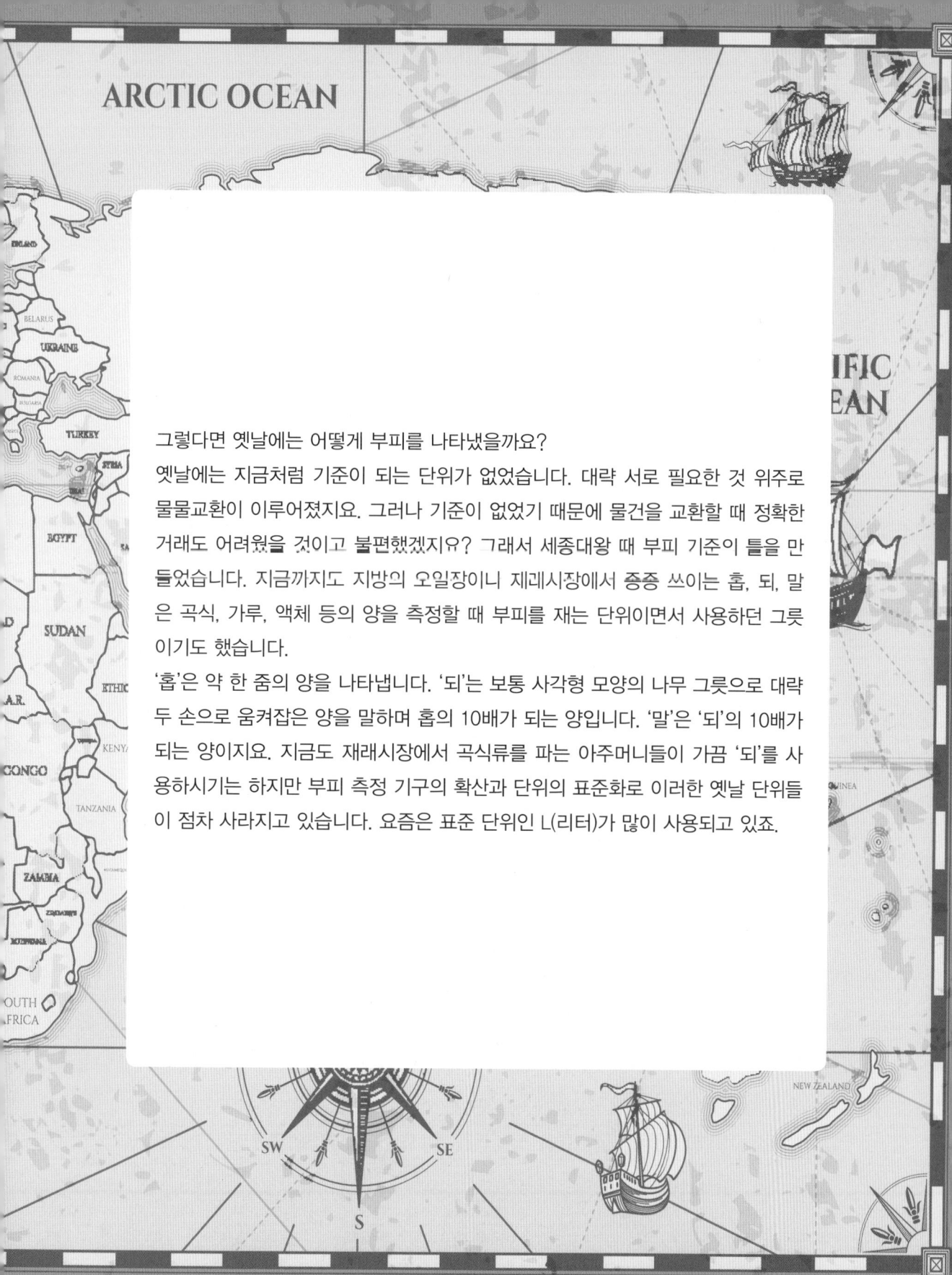

그렇다면 옛날에는 어떻게 부피를 나타냈을까요?
옛날에는 지금처럼 기준이 되는 단위가 없었습니다. 대략 서로 필요한 것 위주로 물물교환이 이루어졌지요. 그러나 기준이 없었기 때문에 물건을 교환할 때 정확한 거래도 어려웠을 것이고 불편했겠지요? 그래서 세종대왕 때 부피 기준이 틀을 만들었습니다. 지금까지도 지방의 오일장이니 재래시장에서 종종 쓰이는 홉, 되, 말은 곡식, 가루, 액체 등의 양을 측정할 때 부피를 재는 단위이면서 사용하던 그릇이기도 했습니다.

'홉'은 약 한 줌의 양을 나타냅니다. '되'는 보통 사각형 모양의 나무 그릇으로 대략 두 손으로 움켜잡은 양을 말하며 홉의 10배가 되는 양입니다. '말'은 '되'의 10배가 되는 양이지요. 지금도 재래시장에서 곡식류를 파는 아주머니들이 가끔 '되'를 사용하시기는 하지만 부피 측정 기구의 확산과 단위의 표준화로 이러한 옛날 단위들이 점차 사라지고 있습니다. 요즘은 표준 단위인 L(리터)가 많이 사용되고 있죠.

이야기 4

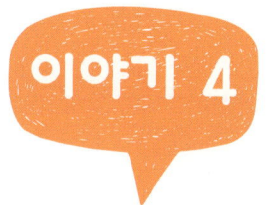

세이렌과의 대결

- 다각형의 넓이
- 여러 가지 단위
- 직육면체의 겉넓이와 부피

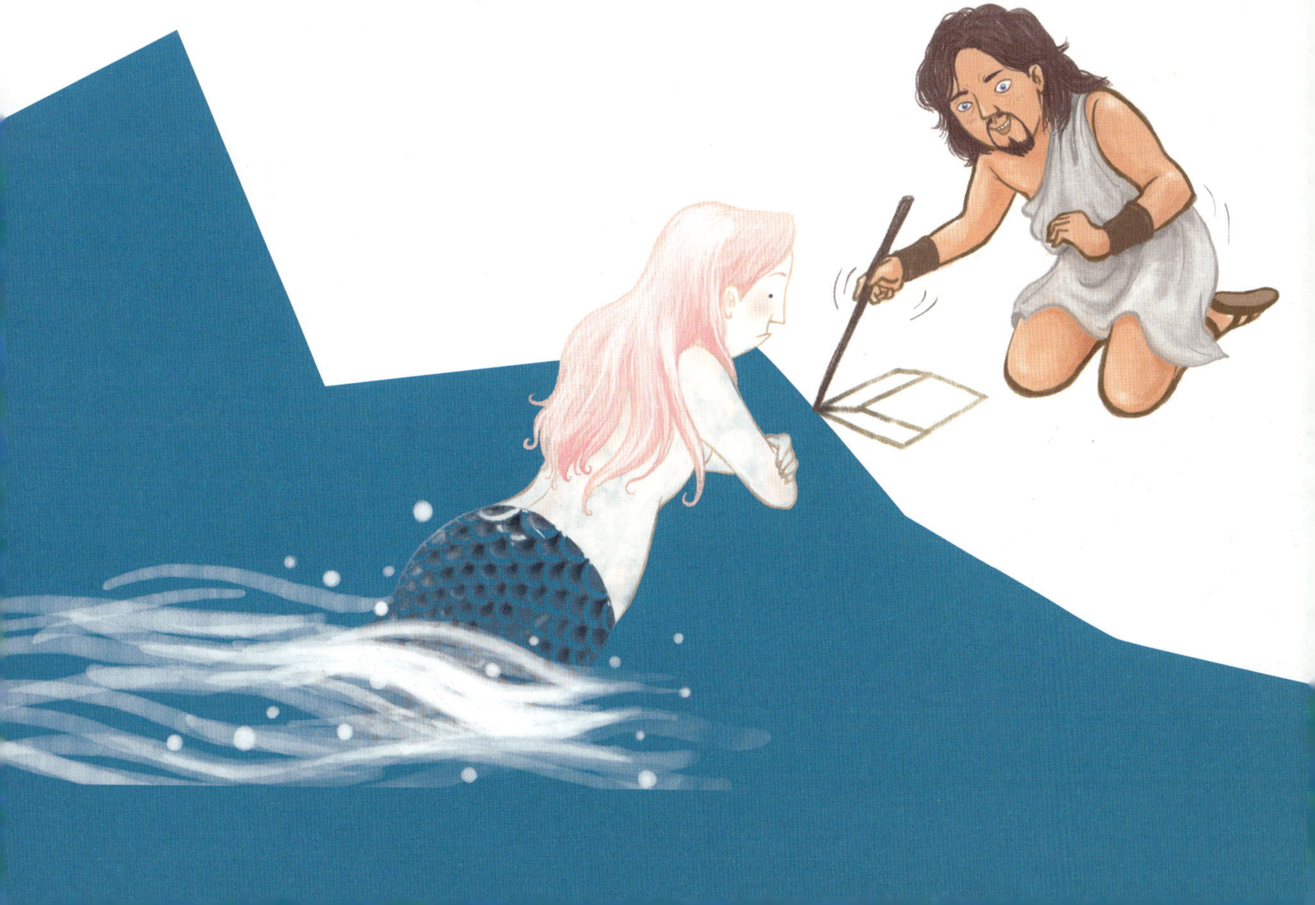

오디세우스호는 적막 속에 망망대해에 떠 있었어요. 어디로 가고 있는지, 어디로 가야 하는지 누구 하나 나서서 이야기하지 않았지요. 그렇게 적막감 속에 며칠이 흘렀어요. 어디에선가 노랫소리가 희미하게 들려왔지요. 오디세우스와 남은 부하들은 서서히 그 노랫소리에 귀 기울이기 시작했어요.

평생 듣도 보도

못한 아름다운 노랫소리였지요. 더군다나 모두 의욕을 상실한 이 때 그 노랫소리에 기대어 잠들고 싶을 만큼 오디세우스와 부하들의 마음 깊숙한 곳까지 파고드는 메아리였어요.

"힘들고 지친 그대, 나에게 기대요.
나는 더 이상 당신에게 바라는 것이 없으니 내게 기대요.
힘들게, 힘들게 고향에 간다 한들
20년이 지난 세월을 무엇으로 보상받으리오.
나와 함께 편히 지내요."

모두들 노랫소리에 흠뻑 취해 배가 점점 더 암초 속으로 빨려 들어가는 것을 누구 하나 인지하지 못했어요.

"쿵! 덜컹! 쿠, 쿵!"

갑작스러운 충격에 오디세우스와 남은 부하들은 퍼뜩 정신을 차렸어요. 눈을 떠 보니 이미 배는 암초에 걸린 후라 옴짝달싹할 수 없었지요. 거기서 마녀 세이렌이 눈을 빛내며 오디세우스와 그의 부하들을 기다리고 있었지요. 세이렌을 마주 본 오디세우스는 다시 잠결에 빠져들 수밖에 없었지요.

"당신들은 나의 영역에 허락도 없이 들어왔어요. 나의 집이니 여기서는 내 법대로 따라야 해요."

보일 듯 말 듯 희미한 미소를 지으며 말하는 세이렌이 기괴해 보이기까지 했어요. 오디세우스는 잠에 취한 듯한 자신의 모습이 믿기지 않았어요. 그래도 남은 부하들을 잃을 수 없다는 생각에 가까스로 정신을 차렸지요.

"당신이 혹시 세이렌이오? 세이렌, 나는 스킬라와 카리브디스 사이를 지나면서 부하들을 반이나 잃었소. 모두 내 가족, 친구와 다름없는 사람들이었소. 나를 남겨 두고 그들을 보내 줘요. 나는 어찌 되든 상관없지만 그들까지 죽이는 건 너무 가혹하오. 고향으로 보내 주시오."

오디세우스의 간곡한 부탁에도 세이렌은 아무런 표정의 변화 없이 말을 이었어요.

"나는 당신네 모두를 놓아 줄 생각이 없어요. 모두 정신을 차린 다음에 다시 대화하도록 해요. 아까 말한 대로 내 영역에서는 내가 법이에요. 꺄하하하~"

세이렌은 이 말만 남기고는 사라졌어요. 배에 남은 사람들 모두 몇 시간이 흘렀는지 기억도 못 할 정도로 해가 뜨고 지는 것만 간신히 알 수 있었지요. 그러나 시간이 지날수록 오디세우스를 비롯하여 그의 부하들 모두 서서히 잠에서 깨어나기 시작했어요.

"오디세우스 님, 정신 차리세요. 세이렌이 나타나기 전에 앞으로 어떻게 해야 할지 생각해 봐야 합니다."

"나도 정신을 차리려 하는데 잘 안 되오. 에우리마커스, 무슨 말이라도 해 보시오. 말을 나누다 보면 정신이 들겠지."

오디세우스의 반응에 에우리마커스가 말을 이었어요.

"오디세우스 님, 외눈박이 거인의 섬에서 만났던 폴리페모스를 기억하십니까? 폴리페모스가 예언하기를 우리는 항해 중에 스킬라와 카리브디스, 세이렌을 만날 것이라 했습니다. 이들을 만나고도 살아난다면 고향에 갈 수 있다고 했으니 우리는 꼭 세이렌에게서 벗어나야 합니다."

"맞아. 그랬지, 그랬어."

확신에 찬 에우리마커스의 말에 아직도 정신이 혼미한 상태인 오디세우스는 힘없이 대답했어요.

"오디세우스 님, 세이렌은 문제 내는 것을 좋아한다고 했습니다. 세이렌이 내는 문제를 우리가 맞히기만 한다면 우리는 그녀에게서 빠져나올 수 있습니다. 그러니 오디세우스 님, 당신이 정신을 차리셔야 합니다. 당신만이 우리를 세이렌의 마수에서 구할 수 있습니다."

오디세우스는 머리 쓰는 것과 생각하여 계산하는 것은 자신 있었어요. 그러나 혹시라도 세이렌이 수수께끼 같은 문제를 낸다면 혼자서 문제를 해결할 수 있을 것 같지 않았답니다. 하는 수 없이 오디세우스는 세이렌에게 문제를 풀 때 동료의 도움을 받을 수 있도록 허락해 달라고 간청하기로 했어요. 세이렌이 그 간청을 들어 줄지, 안 들어 줄지는 하늘의 뜻에 달린 것이었지요.

해가 뉘엿뉘엿 질 무렵 희미한 어둠의 줄기 속에서 휘리릭 소리와 함께 세이렌이 오디세우스의 눈앞에 나타났어요.

"이제 좀 정신이 드셨나요? 나의 오디세우스. 당신은 곧 나의 것이 될 거예요. 오호호홋."

정신이 번쩍 든 오디세우스는 눈빛을 반짝이며 세이렌을 뚫어져라 쳐다보았어요.

"호호홋, 그런 잡아먹을 듯한 눈빛으로 보지 말아요. 너무 무서워서 무슨 말도 못 하겠어요. 오디세우스, 내 말이 이 섬에서는 곧 법이라고 했던 말 기억나지요? 이곳에서 벗어나고 싶으면 반드시 나를 이겨야 해요. 신들도 당신의 지략을 흠모하던데, 과연 나와의 대결에서는 어떨지, 흥분으로 긴장되고 떨리는군요."

"세이렌, 과찬이오. 나는 단지 내 부하들과 같이 고향에 돌아가고 싶을 뿐이오. 한시라도 빨리 여기서 나가고 싶으니 얼른 얘기해 주시오."

오디세우스는 힘없이 대답했어요.

"오호호호, 좋아요. 마음이 바쁜 듯하니 얼른 말하도록 하죠. 오디세우스, 당신은 나랑 세 번을 겨룰 거예요. 세 번 중에서 세 번을 모두 이겨야 당신은 여기서 나갈 수 있어요."

세이렌의 말에 오디세우스는 발끈하며 말했어요.

"세이렌, 너무한 것 아니오? 나는 인간이고, 당신은 님프요. 세 번 중 한 번도 이길 수 있을까 말까 한데 세 번을 다 이겨야 한다고요?"

"호호호, 오디세우스. 엄살이 심하군요. 당신의 꾀는 익히 신들의 세계에 널리 알려져 있어요. 더욱이 '트로이의 목마'는 인간으로서는 생각할 수도 없는 것이었어요. 아무리 아폴론이 당신에게 알려 주었다 하더라도……. 당신이라면 나를 능숙하게 이길 수 있을 거예요."

세이렌의 말에 얼굴이 벌게지며 오디세우스가 대꾸했어요.

"아니, 아니오. 이건 너무한 대결이오. 적어도 대결이라면 정정당당하게 이루어져야 한다고 배웠소. 나는 이 대결에 응할 수 없소. 다만 내가 내거는 조건 하나만 들어 준다면 나도 대결에 응하겠소."

"흠~, 무슨 조건일지 궁금하군요. 혹여 오디세우스 당신이 어떤 술수를 쓰는 거라면 나도 가만있지 않겠어요. 말해 보세요, 오디세우스여. 내가 뭘 들어 줘야 하는지……."

"세이렌, 아까 말한 대로 나는 인간이고 당신은 님프요. 나 혼자서는 당신을 전혀 이길 수 없소. 너무 쉽게 이기면 세이렌 당신도 재미가 없을 거요. 하지만 나와 내 부하들이 합심해서 문제를 풀 수 있다면 나도 이 대결에 응하겠소. 어떻소?"

오디세우스의 말에 세이렌은 무언가를 골똘히 생각하는 듯했어요.

"내가 여기서 거절한다면 대결 자체가 성립되지 않겠군요. 오디세우스 당신이 금방 포기해 버릴 테니까…… 무슨 꿍꿍이 속인지는 몰라도, 좋아요. 당신과 당신 부하들이 머리를 맞대고 나를 이겨 봐요. 나도 전력을 다해 참여할 거예요. 첫 번째 문제는 내가, 두 번째 문제는 오디세우스 당신이, 세 번째 문제는 두 번째 대결에서 이긴 사람이 내도록 하죠. 어떤가요?"

"좋소, 세이렌. 어서 문제를 내 보시오."

오디세우스는 비장한 표정으로 세이렌을 재촉했어요. 세이렌은 모호한 웃음을 지으며 천천히 입을 열었지요.

"오디세우스, 나는 당신과 오랜 시간을 보내고 싶은데 당신은 그렇지 않은가 보군요. 이렇게 재촉하는 것을 보니……. 좋아요, 쉬운 것부터 시작하지요. 이 그림들을 잘 살펴보세요. 이것들은 모두 공통점이 있습니다. 이것들의 넓이를 하나의 식으로 표현할 수 있다면 당신이 이긴 거예요."

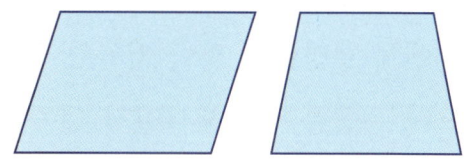

오디세우스는 그림보다도 세이렌의 손 움직임에 따라 땅에 그림이 그려지는 것을 보고 너무나 신기했어요. 자세히 보니 어떤 도형들을 모아 놓은 듯했지요. 도형과 관련한 문제라면 언제든지 자신 있었어요. 옆에 앉아 있던 에우리마커스 역시 오디세우스와 눈이 마주치자 이 문제는 풀 수 있다는 확신의 눈빛을 보냈지요.

"세이렌, 당신이 그린 그림들은 모두 각과 변으로 이루어진 도형이오. 더 자세히 살펴보니 모두 4개의 각과 4개의 변으로 이루어진 사각형이구려. 그렇다면 사각형의 넓이를 구하는 식이 (사각형의 넓이)=(가로의 길이)×(세로의 길이)이니 이걸로 이 문제를 풀 수 있겠소."

"하! 이렇게 간단히 풀 수 있다면 내가 왜 문제를 냈겠어요? 오디세우스, 나도 직사각형이나 정사각형의 넓이는 아주 쉽게 구할 수 있어요. 그것 말고 이렇게 다양한 모양의 사각형들 넓이를 어떻게 단순하게 (가로의 길이)×(세로의 길이)로 구할 수 있는지 나에게 설명해 보세요."

오디세우스는 세이렌이 그려 준 여러 도형들을 보며 외눈박이 거인에게 설명했던 것이 떠올랐어요. 그때도 비슷한 설명을 한 듯했으나 지금은 긴장해서인지 언뜻 생각나지 않았지요. 알고 있더라도 세이렌이 뚫어져라 쳐다보고 있는 상황이라 더 생각이 안 나는 듯했어요. 오디세우스는 골똘히 5분 정도를 생각한 후 입을 열었어요.

"세이렌, 부탁이 있소. 내가 긴장을 했는지 아는 문제인데도 잘 생각이 안 나오. 시간을 좀 주면 부하들과 의논을 하고 오겠소. 아까 약속도 했으니 거절하지는 않겠지요?"

세이렌은 웃는 것인지, 우는 것인지 모를 미묘한 표정으로 절실히 부탁하는 오디세우스를 노려보았어요.

"오디세우스, 내가 약속한 것이 후회되는군요. 아까 그런 약속만 안 했더라면 당신은 이 문제를 못 풀었을 것이고, 그렇다면 내가 이겨 당신을 꽁꽁 내 곁에 숨겨 놓을 수 있었을 텐데……. 이제 와서 되돌릴 수도 없고……. 흠, 그렇게 하세요. 다만 10분만 드리겠습니다. 10분 안에 당신은 의논을 마친 후 나에게 답을 알려 줘야 해요."

단호한 세이렌의 말에 오디세우스는 겁이 나면서 소름이 끼쳤어요. 하지만 시간이 없었지요. 얼른 에우리마커스와 부하 10여 명을 불러 세이렌의 문제를 설명했어요. 에우리마커스는 시간이 없음을 알고 곧바로 아는 것을 설명하기 시작했어요.

"오디세우스 님, 외눈박이 거인의 문제를 풀지 않으셨습니까? 평행사변형의 넓이는 평행사변형의 일부를 잘라 직사각형으로 만들면 직사각형의 넓이 구하는 방법으로 구할 수 있습니다. 즉, (평행사변형의 넓이)=(밑변)×(높이)로 구할 수 있지요. 사다리꼴의 넓이는 사다리꼴을 두 개의 삼각형 또는 평행사변형과 삼각형으로 나누어 구할 수 있습니다. 하지만 가장 편한 방법은 역시 같은 사다리꼴 두 개를 그림과 같이 이어 붙여 또 다른 사각형으로 만들어 보는 것입니다. 마치 평행사변형과 같은 모습이지요? 그렇다면 (사다리꼴의 넓이)=(아랫변의 길이+윗변의 길이)×(높이)÷2

를 하면 되겠지요. 여기서 ÷2를 한 이유는, 두 개를 이어 붙였으므로 사다리꼴 한 개의 넓이를 구하기 위해 ÷2를 한 것이지요."

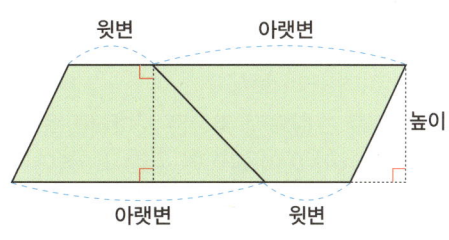

에우리마커스의 쉼 없는 설명을 오디세우스는 집중해서 들었어

요. 세이렌 앞에서는 생각 안 났던 것들이 드디어 새록새록 기억났지요. 갑자기 세이렌의 외침이 들리지 않았다면 에우리마커스는 모든 문제를 설명해 주었을 거예요.

"오디세우스, 이제 시간이 되었어요. 나에게 와서 설명해 보도록 해요."

여기서 잠깐!

사다리꼴의 넓이

사다리꼴의 넓이는 두 개의 삼각형이나, 평행사변형과 삼각형으로 나누어 구할 수 있어요.

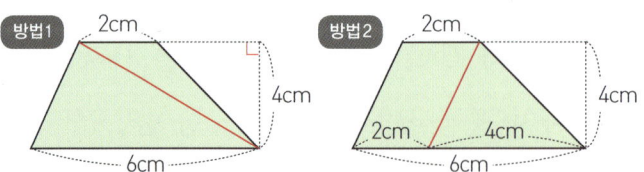

이번에는 서로 합동인 2개의 사다리꼴을 이어 붙여 보세요.
오른쪽 그림처럼 똑같은 사다리꼴을 거꾸로 놓아 이어 붙이면 평행사변형이 돼요. 따라서 사다리꼴의 넓이는 평행사변형의 넓이를 2로 나누어서 구할 수 있지요.

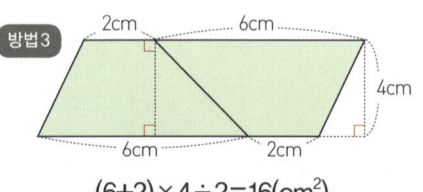

오디세우스는 어느 순간 세이렌 앞에 서 있음을 느낄 수 있었어요. 인간의 의지와 상관없이 세이렌은 사람을 오라 가라 조절할 수 있었지요. 오디세우스는 세이렌 앞에 서서 천천히 입을 열었어요.

"세이렌, 어떤 사각형이든 아까 내가 말했던 그 식으로 풀 수 있소. 단지 조금 응용을 해야 해요. 설마 응용하는 것까지 틀리다고 하지는 않겠지요?"

"오호홋, 오디세우스. 저는 그렇게 속 좁은 님프가 아니랍니다. 어서 얘기해 보세요. 말하는 논리만 맞는다면 오디세우스 당신은 이 문제를 푼 거랍니다. 호호호."

오디세우스는 짧은 시간 내에 늘었던 에우리마커스의 말을 떠올리며 세이렌에게 설명하기 시작했어요. 오디세우스의 설명이 길어질수록 세이렌의 얼굴은 어두워졌지요. 그 말은 오디세우스가 문제를 잘 풀고 있다는 증거였어요. 설명이 모두 끝난 후 세이렌은 심술궂은 표정으로 손끝으로 그림을 그리며 말했어요.

"역시 오디세우스, 당신은 달변가예요. 누가 들어도 이해를 하겠

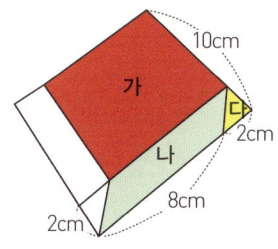
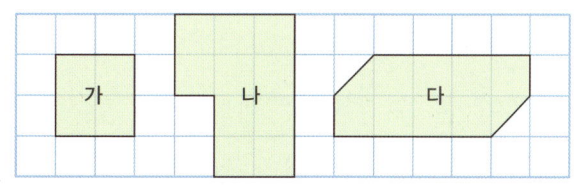

어요. 다만 이런 모양의 다각형 넓이는 어떻게 구할 수 있죠?"

오디세우스는 세이렌의 반응에 처음에는 당황했으나, 그림을 보자마자 빙그레 웃었어요.

"세이렌이여, 설마 몰라서 나에게 되묻는 것은 아니겠지요? 이미 삼각형, 정사각형, 직사각형, 평행사변형, 사다리꼴, 마름모 등등의 넓이를 구할 수 있으니, 그런 모양으로 쪼개어 각각 넓이를 구한 후 합하면 이런 다양한 모양의 다각형 넓이를 구할 수 있답니다. 머리를 조금만 쓰시면 되겠지요?"

오디세우스의 명쾌한 답변에 세이렌은 당황했어요. 이렇게 빨리, 이렇게 이해하기 쉽게 설명하다니, 역시 신들도 감탄해 마지않는 오디세우스였지요. 세이렌은 져서 분한 마음에 자신의 목소리가 떨리는 줄도 몰랐어요.

"좋아요, 오디세우스. 역시 내 기대를 저버리지 않는군요. 이렇게 쉽게 내가 낸 문제를 풀다니……. 너무 쉬운 문제를 냈나 후회가 되네요. 이번엔 당신이 이겼어요. 하지만 다음번에도 당신이 이길지는 두고 봐야겠지요? 약속대로 오디세우스, 당신 차례예요. 얼른 문제를 내 보세요."

오디세우스는 숨을 고르고 나서 잠깐 눈을 감았어요. 반드시 세이렌이 풀 수 없는 문제를 내야 했지요. 무엇을 낼까 고민하다가 퍼뜩 문제 하나가 생각났어요. 오디세우스도 가끔은 헷갈릴 때가 있는 문제였지요. 오디세우스는 해변 모래밭에 그림을 그리며 문제를 내기 시작했어요.

"세이렌이여, 여기 두 입체도형이 있소. 하나는 가로, 세로, 높이가 모두 5cm인 정육면체이고, 다른 하나는 가로와 세로의 길이는 7cm, 높이는 5cm인 직육면체이지만 가운데 가로와 세로의 길이가 각각 2cm인 직육면체 모양으로 뚫려 있는 입체도형이오. 그림을 보면 이해되리라 생각하오. 이 두 입체도형의 겉넓이와 부피를 각각 구해 보시오. 아니지, 먼저 어느 입체도형의 부피가 더 클지 예상해 보시겠소?"

세이렌은 두 그림을 보자마자 말했어요.

"오디세우스, 이 두 입체도형의 부피는 같지 않나요? 7cm에서 2cm씩 빼면 5cm이니 결국 가로와 세로의 길이가 5cm인 정육면체와 부피가 같지 않을까요?"

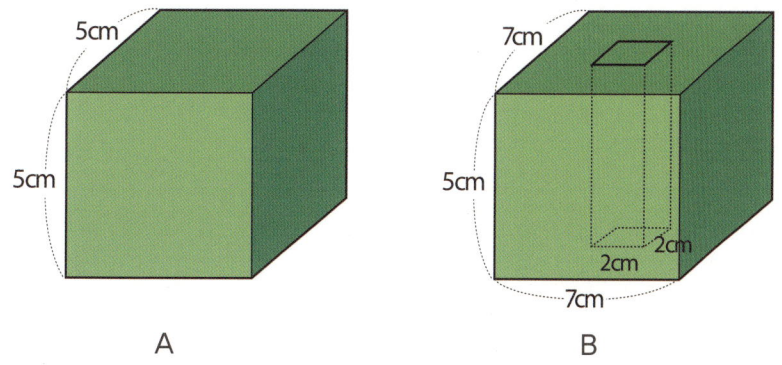

A B

그러자 오디세우스는 미소를 지으며 말했어요.

"세이렌, 당신 말은 틀렸소. 두 입체도형의 부피는 같지 않소."

"뭐라고요? 말도 안 돼. 직접 값을 구해 봐야겠어요. (직육면체의 부피)=(가로)×(세로)×(높이)이니 한 변의 길이가 5cm인 정육면체 A의 부피 역시 (A의 부피)=5cm×5cm×5cm=125cm³이겠군요. B의 부피는 조금 더 복잡하지만 큰 직육면체의 부피에서 작은 안쪽 직육면체의 부피를 빼면 되겠어요.

(B의 부피)=(큰 직육면체의 부피)-(작은 안쪽 직육면체의 부피)
$$=(7cm \times 7cm \times 5cm)-(2cm \times 2cm \times 5cm)$$
$$=245cm^3-20cm^2$$
$$=225cm^3$$

가 되네요. 아! 이런, 두 입체도형의 부피가 다르군요. 숫자만을 보고 생각한 거랑 달라요. 왜 그렇지? 분명 높이가 5cm로 같고, 가로, 세로의 길이는 7cm-2cm 하면 5cm, 뚫린 것만큼을 빼고 나면 각 한 변의 길이가 5cm인 정육면체의 부피랑 같을 거라 생각했는데……. 이해가 안 되는군요. 어머, 내가 이런 모습을 인간에게 보이다니……."

세이렌은 당황한 듯 얼굴을 붉히며 말을 잇지 못했어요. 오디세우스는 그럴 줄 알았다는 듯이 빙그레 웃으며 입을 열었지요.

"세이렌이여, 부끄러워 마세요. 이 문제는 나도 헷갈리는 문제랍니다. 나도 처음에는 대충 숫자만 보고 부피가 같지 않을까 생각했지만 이 그림에서 보는 것처럼 빗금 친 부분을 생각하지 못했소. 부피라는 것은 그 물체가 차지하고 있는 공간의 크기이기 때문에 단순하게 숫자로 생각하면 안 된다는 교훈을 얻었소. 그래서 이런 문제가 나오면 꼭 계산을 해

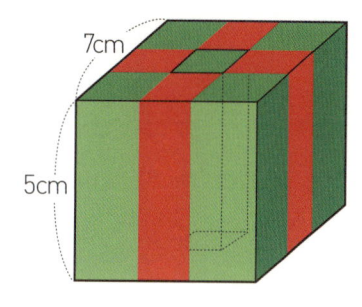

본다오. 세이렌, 혹시 두 입체도형의 겉넓이는 구할 수 있겠소?"

분한 마음에 얼굴이 벌게진 세이렌은 이를 으드득 갈며 말했어요.

"오디세우스, 이제는 나를 조롱하기까지 하는군요. 직육면체의 겉넓이를 다 물어보다니……. 직육면체는 6면의 직사각형으로 이루어져 있으니까 직육면체의 가로, 세로, 높이의 길이를 안다면 6면의 넓이를 각각 구해 합치면 되겠지요."

드디어 세 번째 대결이었어요. 두 판을 내리 이긴 오디세우스는 드디어 고향에 돌아갈 수 있다는 희망에 화색이 돌았고, 한 판도 이기지 못한 세이렌은 자존심이 구겨질 대로 구겨진 상태였지요.

"흠, 오디세우스. 역시 신들도 탐내는 지혜를 가졌다는 명성답군요. 이번 문제는 약속대로 두 번째 판을 이긴 당신이 낼 수 있어요. 하지만 당신한테 유리한 문제만 내겠지요? 규칙을 바꿔 내가 문제를 내는 건 어때요? 이대로 보내기에는 너무 아까운데……."

"원래 규칙은 그렇지만 세이렌 당신이 문제를 내고 싶다면 내시오. 어떤 인간이 님프의 의지를 꺾을 수 있겠소?"

웃으며 대답하는 오디세우스의 말에 세이렌은 속이 바짝 타들어 갔어요.

"오디세우스, 그렇게 비아냥거리듯 말하니 내 기분이 좋지 않네요. 하지만 내가 두 번을 내리 졌으니 체면이 말이 아니군요. 세 번째 문제는 어찌 보면 아주 단순한 것일 수도 있어요. 한 변이 2000m인 정사각형의 넓이를 구해 가장 간단한 수로 나타내 보는 것입니다. 여기서 간단한 수로 나타낼 수만 있다면 단위는 꼭 m^2가 아닌 다른 것으로 바꿔도 됩니다. 5분 후에 우리 서로 답을 말

여기서 잠깐!

직육면체의 겉넓이

가로, 세로, 높이가 모두 5cm인 정육면체 모양의 선물을 포장하려면 포장지가 얼마나 필요할까요? 6면 모두를 쌀 수 있는 포장지가 필요해요.

직육면체의 겉넓이 역시 가로, 세로, 높이의 길이를 안다면 6면의 넓이를 각각 구해 모두 합치면 된답니다.

직육면체의 겉넓이를 구하는 공식은 아래와 같습니다. 물론 6면의 넓이를 각각 구해 더해도 상관없습니다. 직육면체의 겉넓이 구하는 공식을 아래 전개도와 함께 살펴보면 6면의 넓이를 모두 더한 거라는 것을 알게 될 것입니다.

(직육면체의 겉넓이)=(한 밑면의 넓이)×2+(옆넓이)

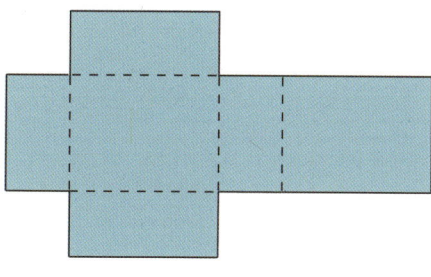

해 보도록 하지요. 아, 혹시 우리 답이 서로 같으면 제가 진 걸로 해요. 제가 규칙을 바꾸었으니……."

오디세우스는 속으로 쾌재를 불렀어요. 드디어 세이렌을 이기고 집에 갈 수 있다는 생각에 마음이 벅차올랐지요. 5분여의 시간이 흐른 후 세이렌이 말을 꺼냈어요.

"자, 하나, 둘, 셋 하면 우리 동시에 답을 말하는 거예요. 하나, 둘, 셋!"

"4km^2(제곱킬로미터)!"

"400ha(헥타르)!"

둘의 답이 다르자, 세이렌은 의외라는 듯이 오디세우스를 바라보았어요.

"아니, 오디세우스. 한 변이 2000m인 정사각형의 넓이는
2000m×2000m=4000000m^2
1ha=100m×100m=10000m^2
와 같으니 4000000m^2=400ha와 같지 않나요?"

세이렌의 설명에 오디세우스는 빙그레 웃으며 대답했어요.

"당신의 설명이 모두 맞습니다, 세이렌. 허나 당신이 낸 문제는 한 변이 2000m인 정사각형의 넓이를 가장 간단한 수로 나타내는 것입니다. 그래서 저는 한 변의 길이 2000m는 2km와 같으니 2000m×2000m=2km×2km=4km^2

로 계산했습니다. 무엇이 잘못되었습니까? 세이렌."

　오디세우스를 뚫어져라 쳐다보며 설명을 열심히 듣던 세이렌은 자신이 진 것이 분하고 억울하면서도 부끄러워 참을 수가 없었어요. 오디세우스의 설명이 너무나 정확하게 쏙쏙 들어왔어요. 오디세우스가 새로운 단위는 모를 거라고 생각한 세이렌의 자만이 이런 결과를 낳게 되었지요. 세이렌은 한숨을 푹 쉬고는 모든 것을 체념했다는 듯 오디세우스를 보며 말을 이었어요.

　"오디세우스, 당신 말이 맞아요. 더 이상 반박할 수가 없군요. 나에게 도전해서 세 판의 경기 중 세 판 모두를 이긴 인간은 당신 한 명뿐이에요. 이제 자유롭게 당신이 가고 싶은 곳으로 가세요. 더 이상 붙잡지 않을 테니……."

　세이렌은 모든 것을 포기한 듯 풀죽은 목소리로 말하면서도 오디세우스의 눈치를 살폈어요.

　"세이렌, 승패를 인정해 줘서 고맙소. 나는 혹시나 당신이 이기고 지는 것에 너무 민감하여 나를 놔 주지 않으면 어쩌나 걱정했었소. 이렇게 깨끗하게 물러날 줄 아는 당신은 역시 신과 가까운 님프구려. 나는 하루라도 빨리 고향에 가고 싶은 사람이오. 이제 우리가 이 섬을 어떻게 나갈 수 있는지 말해 주시오."

　오디세우스의 말에 계속 눈치만 살피던 세이렌은 드디어 결심한 듯 입을 열었어요.

"오디세우스, 정말 미안하지만 부탁 하나만 들어주겠어요? 왠지 당신은 알 것 같다는 확신이 들어서요. 예전부터 알 듯 말 듯했었는데 정확한 설명을 듣고 싶어요. 당신이 나를 바보처럼 여겨도 할 수 없어요. 이번이 당신을 만날 수 있는 마지막 기회라 조금이라도 듣고 싶군요."

오디세우스는 세이렌을 재촉해 봤자 좋을 것 없겠다는 생각에 단도직입적으로 무엇이 궁금한지 물었어요. 부끄러워하던 세이렌은 오디세우스의 말을 듣자마자 손을 들어 모래사장에 그림을 그리기 시작했지요. 신기하게도 세이렌의 손이 모래에 닿지 않아도 세이렌의 손길에 따라 서절로 선이 그어졌어요. 오디세우스와 그의 부하들은 세이렌의 마력이 그저 신기하면서도 두려웠지요. 얼마 후 모래사장 위에는 두 개의 도형이 나란히 그려져 있었어요.

"오디세우스, 이 두 도형을 봐 주세요. 두 도형의 넓이를 구하고 싶은데 어떻게 해야 명쾌하게 구할 수 있는지 궁금해요. 지금까지

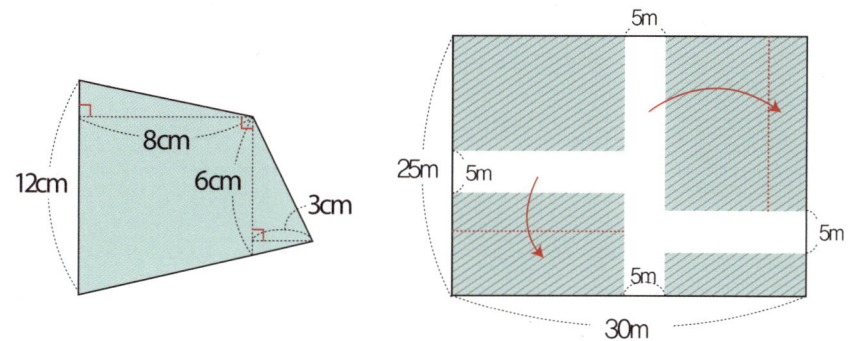

는 대략적으로 추측만 했었거든요."

"세이렌, 당신은 너무 이기려고만 해서 문제를 어렵게 받아들일 때가 있어요. 때로는 단순하게 생각할 때 문제가 쉽게 풀리는 경우도 많소. 도형의 넓이를 구할 때는 주어진 조건을 최대한 활용해서 구하면 된다오. 또한 하나의 도형을 우리에게 익숙한, 우리가 배웠던 도형으로 쪼개면 더 쉽게 구할 수 있소. 예를 들어 세이렌 당신이 그린 이런 사각형의 넓이를 구해야 한다면 당신은 이미 사다리꼴의 넓이와 삼각형의 넓이를 구하는 방법을 알고 있으니 두 도형, 즉 사다리꼴과 삼각형으로 나누어 각각의 넓이를 구하고 두 넓이를 더하면 되지 않소?"

"네? 무슨 말씀인지?"

오디세우스의 설명을 멍하니 듣고 있던 세이렌은 도통 알아들을 수 없었어요.

오디세우스는 세이렌의 표정을 점차 살피더니 주변에 떨어진 나뭇가지를 손에 들었어요.

"흠, 그림을 그려 설명하는 게 편하겠군. 이렇게 말이오. 세이렌 당신이 그린 왼쪽 도형은 사다리꼴과 삼각형으로 쪼갤 수 있소. 우린 이미 사다리꼴의 넓이는 (아랫변의 길이+윗변의 길이)×높이÷2로 구한다는 것을 알고 있고 삼각형의 넓이는 밑변×높이÷2로 구하는 것 또한 알고 있으니 두 넓이를 구해 더하면 된다오. 즉, 사다리꼴의 넓이는 (12m+6m)×8m÷2=72m^{2}이고, 삼각형의 넓이는 6m×3m÷2=9m^{2}이니 원래 도형의 넓이는 72m^2+9m^2=81m^2

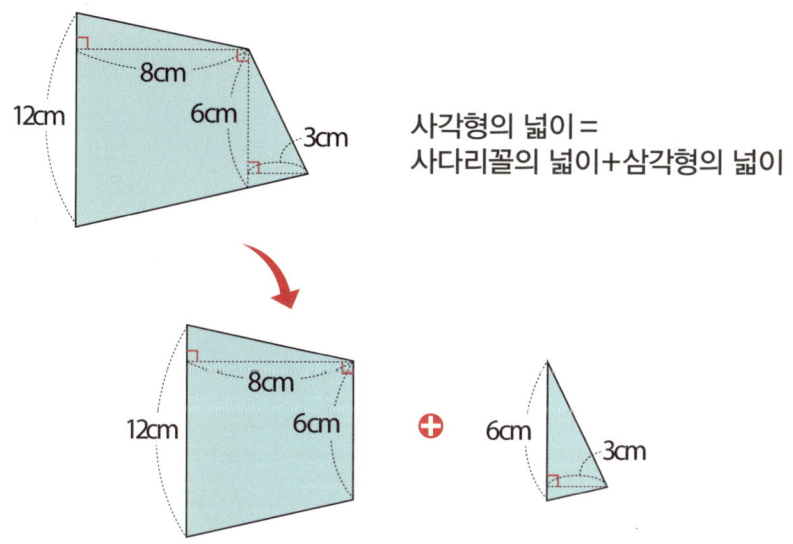

가 되오. 이제 이해하겠소?"

세이렌은 오디세우스의 설명을 열심히 들었으나 그래도 무엇인가 이해가 안 되는지 얼굴을 붉히며 고개를 갸우뚱했어요.

"흠흠, 오디세우스. 저는 사실 사다리꼴 넓이 구하는 방법도 잘 몰라요. 설명해 주시면 오디세우스, 당신이 가시는 길을 축복해 드리지요."

오디세우스는 세이렌만 이기면 고향에 갈 수 있다는 폴리페모스

여기서 잠깐!

다양한 모양의 사각형들 넓이 구하기

사각형은 변이 4개, 각이 4개로 이루어진 다각형을 말합니다. 그럼 사각형에는 무엇무엇이 있을까요? 직사각형, 정사각형, 평행사변형, 사다리꼴, 마름모 등등이 있어요. 이 여러 모양의 사각형 넓이는 어떻게 구할까요? 여러분이 쉽게 접할 수 있는 공식들을 간단히 정리해 보면 다음과 같아요.

직사각형의 넓이=(가로)×(세로)
정사각형의 넓이=(한 변)×(한 변)
평행사변형의 넓이=(밑변)×(높이)
사다리꼴의 넓이={(윗변)+(아랫변)}×(높이)÷2
마름모의 넓이=(한 대각선)×(다른 대각선)÷2

이 많은 공식들을 어떻게 외우냐고요? 걱정 마세요. 외울 필요 없습니다. 단지 조금만 생각해 보면 이런 공식들은 금방 만들어 낼 수 있어요.
한 변의 길이가 단위길이, 즉 1인 정사각형의 넓이를 단위넓이라 해요. 단위길이와 마찬가지로 단위넓이의 크기는 1이라고 정의합니다. 어떤 공간이나 물건의 넓이를 재는 데 기준이 되는 넓이지요.
이 단위넓이를 이용하면 직사각형과 정사각형의 넓이는 금방 구할 수 있습니다. 평행사변형, 사다리꼴 넓이는 오디세우스의 설명에 잘 나와 있어요. 생각이 안 난다면 다시 한 번 보세요. 마름모의 넓이는 다음의 그림을 잘 관찰하면 아하! 하고 이해하게 될 거예요.

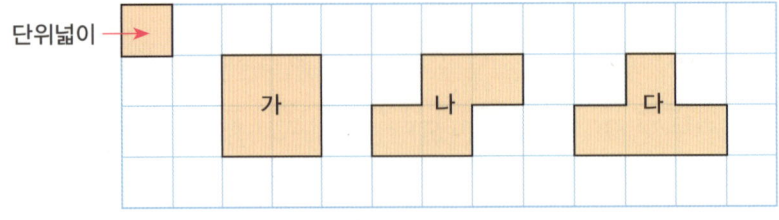

의 예언을 이미 들은 터라 딱히 세이렌의 축복을 바란 것은 아니었으나, 세이렌의 모른다는 솔직한 대답에 도와주고 싶었어요.

"세이렌, 사각형에는 사다리꼴, 평행사변형, 직사각형, 정사각형, 마름모 등 다양한 모양과 이름이 있어요. 하지만 이것들은 모두 네 변과 네 각으로 이루어져 있다는 공통점이 있어서 사각형으로 불리지요. 이 여러 가지 모양의 사각형들 중에서 한 쌍의 변이 평행한 사

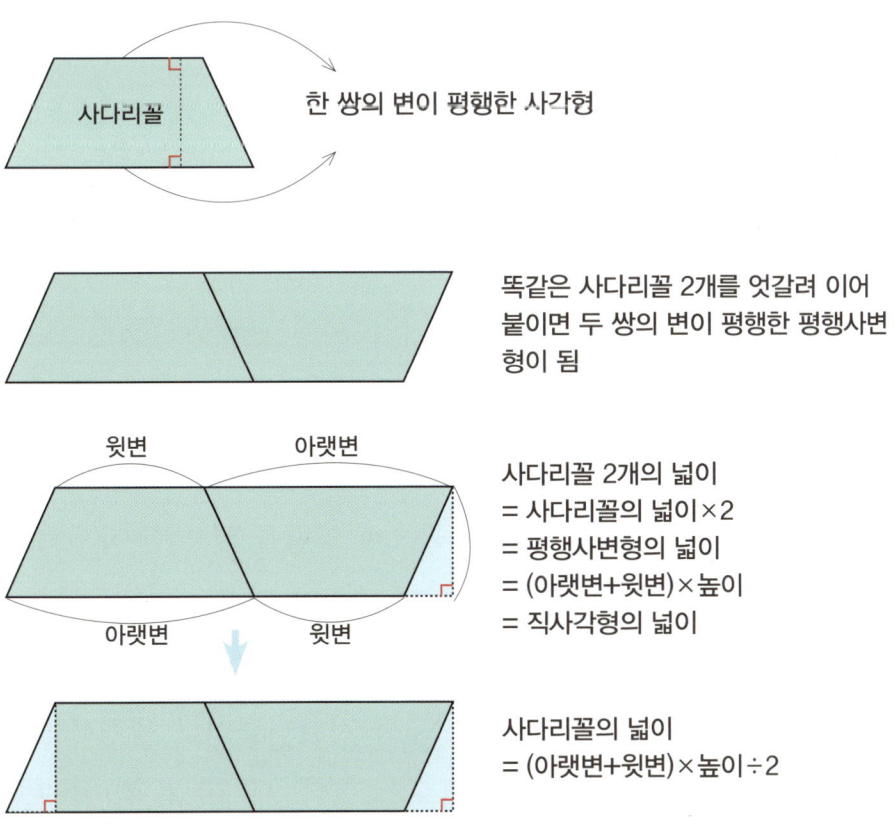

각형을 사다리꼴이라고 해요. 제가 아까 사다리꼴의 넓이는 (아랫변의 길이+윗변의 길이)×높이÷2라고 했지요? 하나의 사다리꼴이 있으면 똑같은 사다리꼴을 거꾸로 이어 붙여 보세요. 그러면 두 쌍의 변이 평행한 평행사변형이 돼요. 평행사변형의 넓이는 (밑변×높이)로 간단하게 구해지지요. 왜냐하면 평행사변형의 한쪽 끝을 잘라 다른 쪽에 붙이면 직사각형이 되거든요. 단순히 삼각형을 옮긴 거라 길이는 똑같으니 직사각형의 넓이나 평행사변형의 넓이나 같죠. 그런데 사다리꼴 2개의 넓이를 구했으니

사다리꼴의 넓이+사다리꼴의 넓이
 =사다리꼴의 넓이×2
 =평행사변형의 넓이
 =직사각형의 넓이
 =(아랫변의 길이+윗변의 길이)×높이

와 같아요. 따라서 하나의 사다리꼴의 넓이는 (아랫변의 길이+윗변의 길이)×높이÷2가 되는 것입니다."

세이렌은 오디세우스의 설명을 들으며 그림을 몇 분간 자세히 관찰했어요. 때로는 얼굴을 찌푸리기도 했지만 몇 분이 지나자 오디세우스를 보며 활짝 웃었지요.

"오디세우스, 이제야 알겠어요. 결국 사다리꼴이나 평행사변형, 정사각형, 직사각형은 넓이를 (가로의 길이)×(세로의 길이) 또는

(한 변의 길이)×(또 다른 한 변의 길이)로 구할 수 있다는 것에서 출발하네요. 이건 이제 이해했는데 두 번째 문제는요? 이것은 어떻게 풀까요? 가로의 길이가 30m, 세로의 길이가 25m인 직사각형

여기서 잠깐!

직사각형을 이용하여 마름모의 넓이 구하기

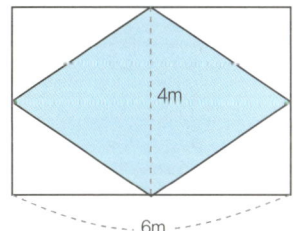

색칠한 마름모는 직사각형 넓이의 반이므로 6×4÷2=12(m^2)입니다.

⇨ (마름모의 넓이)
= (직사각형의 넓이)÷2
= (가로)×(세로)÷2
= (한 대각선의 길이)×(다른 대각선의 길이)÷2

이런 사각형이 아닌 다각형의 넓이는 어떻게 구할까요? 그때는 그 다각형을 여러분들이 아는 삼각형, 직사각형, 평행사변형 등으로 모양을 쪼개어 그 넓이를 구한 후 다시 합하면 되겠지요? 모양이 다르다고 넓이를 어떻게 구하냐고 겁먹지 마세요. 여러분이 쉽게 알고 있는 가장 단순한 모양으로 쪼개어 생각하면 됩니다.

모양의 밭에 사람이 다닐 수 있는 너비가 5m인 길이 나 있어요. 사람이 다니는 길 말고 총 밭의 넓이를 알고 싶다면 어떻게 풀어야 하나요? 당신 설명처럼 길로 나누어진 작은 직사각형들의 넓이를 각각 구해 모두 더하면 될 것 같은데, 이 경우는 작은 직사각형들의 가로와 세로의 길이를 정확히 알 수 없어서 넓이를 어떻게 구해야 할지 모르겠어요."

오디세우스는 마력으로 모래 위에 도형을 정확히 그리는 세이렌

여기서 잠깐!

a(아르), ha(헥타르), km^2의 관계는 무엇일까요? 일단 세 단위 모두 넓이의 단위입니다. 현재 교과부에서는 실생활에서 잘 쓰이지 않는 a(아르), ha(헥타르)를 교과서에서 빼기로 결정했어요. 아마 여러분이 어른이 된다면 잘 볼 수 없는 넓이의 단위일 거예요.

a(아르)와 ha(헥타르)는 모두 미터법에 의한 단위로

$1a = 100m^2$

$1ha = 10000m^2$

$100ha = 1000000m = 1km^2$

로 쓸 수 있어요. 복잡하다고요? 그냥 넓이의 단위가 다양하게 있구나 하고 읽어 보면 된답니다. 일상생활에서 많이 쓰이는 주택과 관련된 '평'도 넓이의 단위이지요. 1평=$3.306m^2$입니다. '평(坪)'이라는 말 역시 쓰지 않고 m^2로 통일하기로 약속했지만 실제로는 평으로도 많이 쓰이고 있어요. 아마 이것도 여러분이 크면 없어지게 될지도 모르지요.

의 손을 보며 다시 한 번 님프의 힘에 잠시 두려움을 느꼈어요. 하지만 세이렌이 그린 도형 그림은 조금만 다르게 생각하면 금방 풀리는 문제였지요.

"세이렌, 이 문제는 한 번만 푸는 방법을 보면 비슷한 문제도 금방 풀리게 되는 문제요. 사람들은 이렇게 각자 나뉜 직사각형의 가로와 세로 길이를 세세히 알 수 없다면 문제를 풀 수 없다고 생각하는 경향이 커요. 하지만 다른 면에서 보면, 이 큰 사각형 안의 길들은 모두 너비가 5m로 똑같기 때문에 단순히 빗금 친 넓이만 구하는 것이라면 이 길을 옮길 수가 있어요. 내 그림처럼 말이에요. 이렇게 한쪽 끝으로 모두 몰면 사실 또 다른 사각형 하나의 넓이를 구하면 된다는 것을 알 수 있어요. 어때요? 이 그림을 보면 이해가 되나요?"

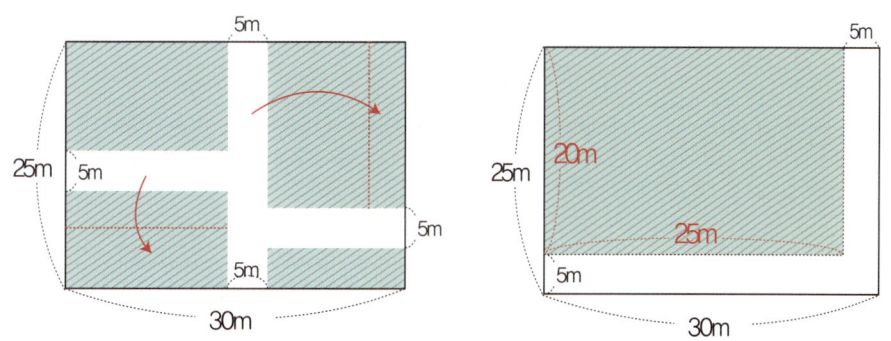

길들은 모두 너비가 같으므로 요리조리 길을 양끝으로 밀면 결국 빗금 친 넓이는 하나의 직사각형 넓이와 같게 됨 ⇨ 20m × 25m = 500m² (빗금 친 넓이)

오디세우스는 그림을 그려 세이렌에게 보여 주며 말했어요.

"아! 이제야 알겠어요. 나는 무조건 길이를 알아야만 넓이를 구할 수 있다고 생각했어요. 당신 말이 맞아요. 모든 문제는 항상 다른 방법으로 생각해 보는 것이 필요하군요. 역시 오디세우스, 당신은 못 당하겠네요. 고마워요. 이것은 당신을 고향 땅에 안전하게 보내기 위한 내 선물이에요. 이 천은 바람의 세기를 자유자재로 조절할 수 있어요. 이 천을 배의 돛에 두르고 있으면 사람이 꼭 보고 있지 않아도 가장 안전한 속도로 배를 이동시켜 줄 거예요. 아쉽지만 이제 작별이군요. 당신의 남은 생을 축복할게요."

세이렌은 자신의 옷자락 한 켠을 오디세우스에게 떼어 주고 나서 서서히 빛과 함께 사라져 갔어요.

또 다른 항해를 시작해야 하지만 오디세우스와 그의 부하들은 마음이 부풀었어요. 왠지 이번 항해를 마지막으로 가족 품으로 돌아갈 수 있을 거라는 확신이 점점 부풀어 올랐지요.

 내용 정리

+ 평면의 크기를 나타내는 양을 넓이라고 해요. 이 넓이의 크기로 어떤 도형이나 물건의 넓은 정도를 이해하기도 합니다.
+ 한 변의 길이가 단위길이, 즉 1인 정사각형의 넓이를 단위넓이라고 합니다.
+ 사다리꼴의 넓이는 두 개의 삼각형, 또는 평행사변형과 삼각형으로 나누어 구할 수 있어요

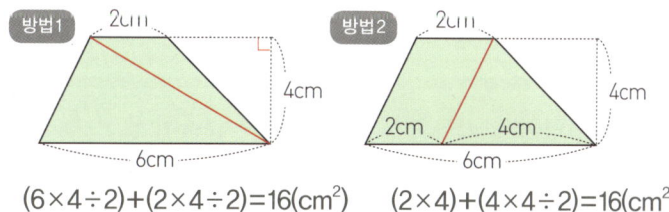

$(6 \times 4 \div 2)+(2 \times 4 \div 2)=16(cm^2)$ $(2 \times 4)+(4 \times 4 \div 2)=16(cm^2)$

+ 똑같은 사다리꼴을 거꾸로 놓아 이어 붙이면 평행사변형이 돼요. 따라서 사다리꼴의 넓이는 평행사변형의 넓이를 2로 나누어서 구할 수 있어요.

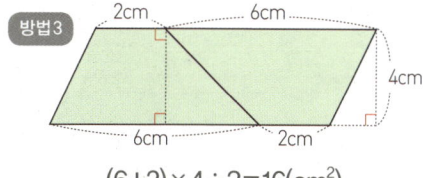

$(6+2) \times 4 \div 2=16(cm^2)$

예술에서 수학 읽기

테셀레이션과 M. C. 에셔
평면을 입체로, 일차원의 세계를 이·삼차원의 세계로

테셀레이션이란 낱말을 들어 봤나요? 테셀레이션이란 동일한 모양을 이용해 틈이나 포개짐 없이 평면이나 공간을 완전하게 덮는 것을 말합니다. 타일 까는 것과도 비슷하지요. 우리 주변을 돌아보면 거리의 보도블록, 궁궐의 단청, 욕실의 타일 등 다양한 곳에서 볼 수 있습니다.

유명한 네덜란드의 예술가 M. C. 에셔는 테셀레이션을 이용하여 다양한 예술 작품을 남겼어요. 아마 그의 작품을 접한 친구들도 많을 거예요. 에셔의 작품을 함께 살펴볼까요?

에셔의 작품들은 수학이나 과학적 내용과 연관된 것들이 많고 특히 타일처럼 반복되는 내용들로 구성되어 있어요. 특히 현실의 모습을 그린 것 같지만 현실에서는 불가능한 상황을 교묘하게 그림에 섞어 놓은 경우가 있는데, 혹시 다섯 그림

에셔(1898~1972)의 작품들

중에 찾으셨나요? 힌트는 건물의 기둥을 잘 살펴보세요.

이와 같이 예술 속에 수학이나 과학이 녹아 있는 것을 보면 더 이상 수학, 과학 또는 미술만 잘하는 것보다 언제든 미술의 소재를 여러 방면에서 찾을 수도 있음을 에셔는 보여 주고 있어요. 이것이 요즘 말하는 융합·통합적 사고겠지요? 여러분도 미래에 어떤 일을 할지 한 번 생각해 보는 시간이 되었으면 합니다.

(출처: 에셔 공식 웹사이트)

오디세우스의 귀환

📖 원의 넓이

오디세우스는 드디어 고향 땅을 밟았어요. 세이렌을 떠나 바다로 나온 지 수십 일이 지났지만 그동안의 고생에 신들의 노여움이 풀렸는지 항해는 고요하고 평온했지요. 고향 땅에 도착한 오디세우스와 에우리마커스는 실로 믿어지지 않았어요. 둘은 얼싸안고 연신 모래사장에 입을 맞추었지요. 20여 년이 흐른 지금 옛날 모습은 온데간데없었으나 그런 것은 상관없었어요. 그저 고향으로 돌아왔다는 기쁨에, 같이 떠났던 동료 대부분이 죽음의 길에 들어섰다는 슬픔에 둘은 웃으면서도 눈물을 흘렸지요. 그런 오디세우스와 에우리마커스를 힐끔힐끔 쳐다보는 사람들이 점점 많아졌어요. 그러자 에우리마커스가 조심스레 입을 열었어요.

"오디세우스 님, 우리 이럴 때가 아닙니다. 우리가 이 땅을 떠난 지 20여 년이나 지났습니다. 그때에 비해 지금은 달라진 것이 너무나 많을 것입니다. 혹여 우리의 귀환을, 오디세우스 님의 귀환을 달가워하지 않는 세력이 있을까 봐 걱정이 됩니다. 일단 우리의 신분을 숨기고 여기 사정을 알아봐야겠습니다."

"아! 에우리마커스, 내가 조심성이 없었구려. 역시 자네는 언제나 생각이 깊소. 자네의 말을 들으니 나의 충직한 유모 에우리클레이아에게 먼저 가 보는 게 좋겠는데…… 에우리마커스, 나랑 동행하겠소?"

오디세우스가 믿을 만한 사람은 유모 에우리클레이아뿐이었어요. 몸이 약했던 오디세우스의 친모와 달리 에우리클레이아는 자기가 낳은 아들보다 오디세우스를 더욱 아끼며 키웠지요.

'20여 년이 지났더라도 유모만은 나를 알아볼 것이다. 나 대신 유모가 페넬로페 옆을 지키고 있었을 테니 나라가 돌아가는 상황을 잘 알고 있겠지. 아~ 페넬로페, 당신을 드디어 볼 수 있겠군. 20년 동안이나 얼마나 힘들었을까? 만나면 이렇게 오래 걸린 것에 대해 용서를 먼저 구해야겠지?'

생각이 유모 에우리클레이아에 이어 아내 페넬로페까지 이르자 오디세우스는 그리움으로 미칠 것만 같았어요.

"오디세우스 님, 그분이 누구십니까? 이렇게 생각만 하고 있을 시간이 없습니다. 그분이 주인님께 위험할 수도 있으니 저 혼자 상황을 알아보고 오겠습니다. 여기서 꼼짝 말고 기다리십시오."

급하게 소리치는 에우리마커스의 말에 생각에 잠겼던 오디세우스는 퍼뜩 정신을 차렸어요.

"에우리마커스, 아니오. 세월이 아무리 흘러도 나를 배신하지 않을 단 한 사람이오. 그분께 가 보면 우리가 없었을 때의 상황을 자세히 알게 될 것이오. 어서 가 봅시다."

오디세우스와 에우리마커스는 사람들의 눈을 피해 산길을 따라 서둘러 올라갔어요. 한 시간 남짓을 올라가니 오목하게 들어앉은 산 중턱에 작은 오두막이 있었어요. 굴뚝에서 연기가 폴폴 나는 것을 보니 오두막에 누군가가 있는 듯했지요.

"똑똑." 오디세우스가 떨리는 손으로 문을 두드렸어요.

"누구시오?"

백발이 성성한 할머니가 문을 조심스레 열며 물었어요.

"나그네인가 보구려. 길을 잃었나? 여기는 나 혼자 사는 곳이고 사람의 왕래가 뜸한 곳인데 며칠 만에 사람을 보는 듯하구려."

유모 에우리클레이아가 오디세우스와 에우리마커스를 찬찬히 살피며 말했어요.

"할머님, 우리는 산 너머 궁에 들어가고 싶습니다. 그런데 여기가 처음이다 보니 계속 같은 곳에서 헤매게 되네요. 곧 해가 질 것 같은데 여기서 하룻밤 묵어 가도 되겠습니까?"

공손히 묻는 오디세우스의 말에 에우리클레이아는 바로 앞에 있는 남자가 제 주인이라는 것은 생각지도 못한 채 웃으며 대답했어요.

"아, 되다마다요. 늙은이 하나만 사는 곳이라 누추하지만 들어오시오. 마침 나 혼자 적적했는데 잘되었구려. 내 얼른 저녁을 차릴 테니 여기 앉아 계시오."

오디세우스와 에우리마커스는 유모 에우리클레이아의 환대에 안도의 한숨을 내쉬며 오두막 안으로 들어갔어요. 에우리클레이아는 얼른 빵 반죽을 화덕에 올리고는 큰 대야에 따끈한 물을 받아 왔지요.

"여기는 욕조가 없어 몸을 씻으려면 집 앞 냇가에서 씻어야 하오. 그래도 내 손님이니 내가 발은 씻겨 드리지요."

"아, 아닙니다. 오늘 이렇게 재워 주시는 것도 고마운데 그렇게까지 안 하셔도 됩니다."

오디세우스의 말에도 에우리클레이아는 뜻을 굽히지 않았어요.

"그래도 우리 집에 오신 손님에게는 꼭 발을 씻겨 드리는 것이 내 법도요. 이리 앉아서 신발을 벗으세요."

오디세우스와 에우리마커스는 에우리클레이아가 가리킨 의자에 앉았어요. 에우리클레이아는 에우리마커스의 발을 먼저 깨끗이 씻어준 후 물을 버리고 따뜻한 물을 또 받아 와서 오디세우스의 발을 씻기기 시작했지요. 따뜻한 물에 발을 담그니 그동안의 긴장이 모두 사르르 녹는 듯했어요. 얼마의 시간이 흘렀는지도 모르게 깜빡 잠이 들었던 오디세우스는 에우리클레이아의 외마디 외침에 깨고 말았어요.

"아! 주인님! 으흐흑~"

에우리클레이아는 슬픔과 기쁨이 교차하는 듯 더 이상 말을 잇지 못하고 흐느꼈어요. 오디세우스의 정강이에는 매일 몸을 씻기는 유모만이 아는 상처가 있었지요. 말에서 떨어져 돌에 심하게 찍힌 상처였어요. 어찌나 상처가 깊었는지 몇 날 며칠 지혈이 안 되

어 궁에 있던 식솔들을 모두 걱정시켰어요. 낫긴 했지만 깊고 굵은 흉터가 남았지요. 그 상처가 유독 컸기 때문에 유모 에우리클레이아는 오디세우스를 매일 목욕시키면서도 늘 마음 아파했는데, 바로 그 상처였던 거예요. 오디세우스도 눈물이 맺힌 눈으로 에우리클레이아를 보며 같이 슬픔과 기쁨을 나누었지요. 한참의 시간이 흐른 후 오디세우스는 마음이 급해졌어요.

"유모, 유모. 페넬로페는 잘 있소?"

에우리클레이아는 잠깐 어두운 얼굴을 하고는 이내 표정을 억지로 밝게 한 후 말했어요.

"주인님, 안주인 페넬로페 님은 잘 계십니다. 주인님의 아드님이신 텔레마커스 님도 이제는 커서 장정 일을 거뜬히 하셔요."

"텔레마커스? 아! 내 아들 텔레마커스. 내가 떠나 올 때는 겨우 걸음마를 떼던 아기였는데, 그새 많이……."

벅찬 마음에 오디세우스는 끝까지 말을 이을 수 없었어요. 유모가 자신을 알아본 후로는 제 가족, 제 핏줄인 페넬로페와 텔레마커스가 보고 싶어 미칠 지경이었지요.

"유모, 당장 궁에 들어가 페넬로페를 만나야겠소. 궁에는 별일 없겠지?"

"만나셔야지요. 근 20년을 한결같이 기다리셨는데 서둘러 만나셔야지요. 그런데……."

에우리클레이아는 오디세우스의 물음에 표정이 어두워지며 말끝을 흐렸어요.

"그런데, 뭐요? 무슨 일이라도 있소?"

오디세우스의 반문에 에우리클레이아는 결심한 듯 말을 이었어요.

"주인님, 무슨 말을 들어도 흥분하시면 안 됩니다. 지금 상황이 매우 안 좋은데, 주인님께 변고가 생기면 페넬로페 님이 더 견디실 수 없을 거예요."

"알았소, 어서 말을 해 보시오. 무슨 일이 있었는지……."

"주인님이 떠나신 지 5년쯤 후부터 주인님이 전쟁터에서 돌아가셨다는 소문이 파다했습니다. 페넬로페 님은 그 소문은 뜬소문이라며 믿지 않으셨지만, 문제는 이타케를 심심찮게 노리는 주변 국가들이었지요. 주변 국가들의 왕이며 왕자들이 몰려와 주인 없는 궁을 차지하고서는 15년간 페넬로페 님께 오디세우스는 죽었으니 재혼할 사람을 어서 고르라고 난리를 쳤어요. 그사이 궁에 있던 재산은 그 사람들 먹고 마시는 데 쓰이느라 거의 탕진되었답니다. 저는 며칠 전 그중 한 명이 페넬로페 님께 무례하게 굴기에 예의를 지켜 달라고 소리쳤다가 쫓겨났습니다. 그래서 여기로 돌아와 살고 있는 거예요."

오디세우스는 페넬로페 생각에 가슴이 미어졌어요. 하지만 슬퍼

하고 체념하고 있을 수만은 없었지요. 궁에 들어가 얼른 페넬로페와 텔레마커스를 만나야 했어요. 에우리클레이아의 말을 들으니 궁에 무작정 들어가는 것은 죽음을 자초하는 일이었어요. 하지만 머리끝까지 치솟은 화는 쉽게 삭아지지 않았지요. 오디세우스는 궁을 차지하고 있는 모든 이를 얼른 가서 없애고 싶은 마음뿐이었어요. 한참의 정적이 흐른 뒤 오디세우스가 말을 이었어요.

"유모, 오늘 저녁에 페넬로페가 어디 있겠소? 궁에 있는 모두를 내 발밑에 꿇릴 한 가지 방법이 생각났는데 페넬로페의 도움이 꼭 필요하오. 페넬로페와 텔레마커스, 궁에 믿을 사람은 이 둘뿐이오. 이 둘을 어서 만나 내가 돌아왔음을 알리고 저 무례한 놈들을 내 성에서 당장 쫓아내고 싶소. 에우리클레이아, 오늘 밤 나를 페넬로페에게 데려다줄 수 있겠소?"

전장에서 살아 돌아왔어도 자신의 궁조차 마음대로 돌아가지 못하는 주인님을 안타까운 마음으로 쳐다보던 에우리클레이아는 서둘러 겉옷을 걸쳤어요.

"주인님. 이 늙은이, 주인님의 생각이라면 어떤 방법이라도 무조건 따르겠습니다. 제가 궁 안으로 들어가는 비밀 통로를 알고 있으니 그곳으로 갑시다."

오디세우스와 에우리마커스는 유모 에우리클레이아를 따라 어둑한 좁은 길을 한 시간 남짓 걸었어요. 오디세우스는 알지도 못하는 길이었지요. 드디어 궁 한쪽의 작은 문에 도착한 에우리클레이아는 문고리를 정확히 왼쪽으로 세 번, 오른쪽으로 두 번을 돌린 후 앞으로 잡아 뺐어요. 그러자 갑자기 '스르릉' 소리와 함께 문이 살짝 열렸어요. 처음 보는 광경에 오디세우스는 저절로 에우리클레이아를 쳐다볼 수밖에 없었지요.

"주인님이 전쟁터에 나가시고 나서 혹시나 이타케가 다른 나라에 습격을 당할 경우 아무도 모르게 들락날락할 수 있는 문을 만들어야겠다는 페넬로페 님의 명령에 따라 만들어 놨지요. 저도 이렇게 사용하게 될 줄은 꿈에도 몰랐습니다."

에우리클레이아의 말에 오디세우스는 알았다는 듯 고개를 끄덕였어요. 작은 문에서 궁 안으로 들어가는 길은 미로처럼 꼬불꼬불했지요. 한 치의 망설임도 없이 앞으로 쭉쭉 가는 에우리클레이아가 신기할 따름이었어요. "쉿!" 앞장서 가던 에우리클레이아의 경고에 뒤따르던 오디세우스와 에우리마커스는 벽에 붙었어요. 누군가가 작은 촛불을 들고 조심스레 통로를 걸어오고 있었지요.

'여기서 들켜선 안 되는데. 혹시 페넬로페에게 구혼하는 남자 중 하나라면 나와 맞닥뜨렸을 때 그 자리에서 베어 버려야겠군.'

오디세우스와 에우리마커스는 서로 생각이 통했는지 칼을 찬 허리춤에 손을 지그시 가져다 대고는 숨을 죽였어요. 그때 에우리클레이아의 외침에 팽팽하던 긴장감이 눈 녹듯 사라졌지요.

"아니, 페넬로페 님. 페넬로페 님이 아니세요? 이 밤중에 찬바람 쐬시면 감기 걸리십니다. 어찌 주무시지 않고 나오셨어요?"

'페넬로페? 페넬로페라고?'

오디세우스는 갑작스럽게 페넬로페를 만날 생각에 몹시 당황했어요. 머릿속이 하얘져 생각했던 계획들이 갑자기 생각나지 않고 정신이 멍해졌지요.

"페넬로페 님, 우리 가여운 페넬로페 님. 이제 안심하셔도 됩니다. 저 무례하고 짐승 같은 구혼자들을 물리쳐 줄 사람이 나타났어요. 주인님, 아니 오디세우스 님이 돌아오셨어요!"

"뭐? 유모, 그렇게 속고도 또 속았구려. 20년 동안 오디세우스라고 속이며 우리를 찾아왔던 사람이 수십 명이오. 그 사람도 사기꾼 중 하나겠지. 이제 더 이상 보고 싶지도 않구려. 유모가 알아서 돌려보내요."

페넬로페의 체념한 듯한 목소리에 오디세우스는 더욱 마음이 아팠어요.

"아니에요, 페넬로페 님. 이번엔 진짜입니다. 제가 발을 씻겨 드리며 주인님의 상처를 확인했어요. 주인님이라고 말하며 왔던 사기꾼들에게는 전혀 없었던 그 상처 말이에요. 이번엔 확실히 주인님이 맞아요. 맞다고요!"

유모 에우리클레이아의 말이 끝나자마자 희뿌연 달빛 사이로 건

장한 사내가 조심스레 나왔어요. 어둑어둑한 빛이었지만 페넬로페 역시 한눈에 오디세우스라는 것을 직감했지요. 20여 년을 한 순간도 잊지 않았던 바로 그 오디세우스였어요. 바로 알아볼 수 있었지요. 20여 년이 흘렀어도 바뀌지 않은 것은 서로를 바라보는 눈빛이었어요.

"페넬로페!"

"오디세우스! 으흐흑."

나지막한 음성으로 페넬로페의 이름을 부르자 페넬로페는 조용히 흐느끼며 오디세우스의 품에 안겼어요. 에우리클레이아와 에우리마커스 역시 옆에서 기쁨과 슬픔을 함께 나누었지요. 한참 시간이 흐른 후 희미한 빛 한 줄기가 비추었어요. 새벽녘 동트기 직전이었지요.

"오디세우스, 여기 있다가 사람들한테 들키면 위험할 수도 있어요. 제 방에 가서 그동안 어떤 일이 있었는지 얘기 나눠요. 누구도 제 허락 없이 들어갈 수 없는 유일한 곳이 그곳이니까요."

오디세우스, 페넬로페, 유모, 그리고 에우리마커스는 혹시라도 보는 눈이 있을까 주위를 살피며 페넬로페의 방으로 향했어요.

"페넬로페, 유모에게 그동안의 얘기는 이미 들었소. 그동안 나 없이 이타케를 지키느라 고생 많이 했소. 고맙소. 내가 당신에게 할 말이 없구려."

미안한 기색이 가득한 목소리로 오디세우스가 말했어요.

"오디세우스, 내 사랑. 이 날만을 기다렸어요. 이제나 저제나 당신이 언제 돌아올까 그 생각만으로 살아온 지 20년이에요. 이렇게 건강하게 돌아와 줘서 고마워요. 으흐흑."

페넬로페는 그동안의 고생이 생각나는 듯 다시 한 번 북받친 설움에 오랜 시간 흐느꼈어요.

"아! 오디세우스, 이럴 시간이 없어요. 당신이 계실 때는 아무 소리 못 하던 주변 국가들이 당신의 부재로 이타케를 심심치 않게 노리고 있어요. 지금껏 이 핑계, 저 핑계를 대며 가까스로 버텨 왔지만 더 이상 미룰 수 없어 답변을 주기로 했어요. 오늘까지 당신이 안 돌아오면 제가 누구랑 재혼할지 바로 오늘 발표하기로 했거든요. 드디어 당신이 돌아왔지만 솔직히 그 짐승 같은 놈들이 당신에게 위해를 가할까 봐 걱정이에요."

페넬로페의 말에 오디세우스는 이미 예상하고 왔다는 듯 희미한 미소를 띠며 천천히 입을 열었어요.

"페넬로페, 걱정 말아요. 내가 돌아온 이상 당신이 짊어져야 할 걱정은 이제 없소. 다만 내가 없는 동안 당신을 괴롭혔던 놈들을 용서할 수 없소. 내게 생각이 있으니 그대로 실행만 된다면 우린 다시 평화로운 이타케에서 행복하게 살 수 있을 거요. 그러기 위해선 페넬로페, 당신이 해야 할 역할이 있소."

"오디세우스, 당신이 돌아왔는데 무엇이 걱정이겠어요. 어서 말씀해 보세요. 제가 무엇을 해야 할지……."

"페넬로페, 우리 아들 텔레마커스가 잘 자랐다고 들었소. 텔레마커스와 믿을 만한 장정 20명을 메넬라오스에게 보내 이타케의 상황을 알리고 도와달라고 청하시오. 내 아들이라 하면 반드시 도와줄 것이오. 그리고 당신은 오늘 정오에 그놈들 앞에서 이렇게 발표하시오."

한참 오디세우스의 말을 들은 페넬로페는 알았다는 듯이 고개를 힘차게 끄덕였어요. 20년을 기다렸는데 못 할 것이 없었지요.

드디어 정오가 되었어요. 주인 없는 큰 홀에서 마음껏 고기와 술을 먹으며 웃고 떠드는 남자들 앞에 페넬로페가 섰어요. 그런 페넬로페에게 구혼자들 중 하나가 술 취한 듯 큰 목소리로 말했지요.

"페넬로페, 너무한 것 아니오? 우리 같은 할 일 많은 장정들을 10년 넘게 여기 이렇게 놔두다니 말이오. 이제는 마음을 정해야지, 그러지 않으면 이제 우리가 무슨 짓을 할지 모르겠소. 너무 많이 참았단 말이오. 오디세우스는 이미 죽었는데 말이지, 아하하하!"

무례한 말에도 페넬로페는 입술을 꽉 깨물며 참았어요.

"여기 모이신 모든 분은 저와의 재혼을 위해 남아 계시는 것이지요. 미리 말씀드리기 전에 약속할 것이 한 가지 있습니다. 제가 선택할 수 있는 분은 단 한 분뿐입니다. 만약 결정된다면 바로 인정하고 그분께 위해를 가하지 않겠다고 제우스 신의 이름을 걸고 약속해 주십시오. 만약 약속을 지키지 않는다면 제우스 신께서 죽음으로 벌을 내리실 겁니다. 그것만 확실히 해 주신다면 저도 결정을 내리겠습니다."

"페넬로페, 우리가 그렇게 비겁한 줄 아셨소? 당신이 예전에 결정해 줬다면 우리는 이미 물러갔을 거요. 그런 건 걱정하지 말고 어서 말을 해 보시오."

구혼자 중 또 다른 한 명이 당연한 말을 한다는 듯이 대꾸했어요. 페넬로페는 크게 숨을 한 번 내쉰 뒤 천천히 입을 열었어요.

"좋아요. 여러분을 믿고 말하겠어요. 제가 그리워하는 오디세우스는 지혜롭고 어떤 위기에서건 포기하지 않는 남자였어요. 저는 그런 그를 존경하고 사랑했습니다. 재혼할 분도 그런 분이셨으면 합니다. 그래서 시험을 쳐서 그 시험을 통과하신 분과 재혼했으면 합니다. 그 시험은 신분에 상관없이 원한다면 이 방에 계신 모든 남자분이 치를 수 있습니다."

페넬로페의 말에 웅성웅성 소란스러운 가운데 오디세우스가 누추한 옷을 입고 홀 한 구석에 서 있었어요.

"흥, 신분에 상관없다니. 그럼 거지가 시험을 치러도 된단 말이오?"

페넬로페의 말이 못마땅한 듯 구혼자 중 한 명이 비아냥거렸어요.

"네, 아무나 해결할 수 없고 오직 지략으로 통과할 수 있는 시험이기에 신분은 상관이 없습니다. 그 시험을 치러낸 사람이라면 적어도 오디세우스만 한 능력을 갖춘 분이라고 볼 수 있으니까요."

페넬로페의 말에 모두 숙연해졌어요. 페넬로페는 모두 숨죽인 가운데 손끝으로 옆에 있는 큰 천을 재꼈어요.

그곳에는 세상 어디에서도 본 적이 없는 커다란 원형 모양의 촛대가 있었어요. 초 200여 개 정도가 꽂혀 있는, 두 장정이 양팔을 벌려도 끝에서 끝까지 손이 닿을 수 없을 정도로 거대한 촛대였지요.

원형 모양의 촛대

"이 촛대는 이타케 왕가에 내려온 보물입니다. 우리는 제우스 님께 의식을 치를 때만 이것을 꺼내 사용합니다. 이 촛대에는 모두 200개의 초가 꽂혀 있습니다. 또한 이 원형 촛대의 원주는 1256cm입니다. 설마 원주를 모르시지는 않겠지요? 이 촛대에 있는 모든 초를 단 5초만에 끌 수 있다면 나는 그분과 재혼하겠습니다."

페넬로페의 말에 구혼자들 입에서 "아니, 어떻게 5초 안에 저런 거대한 원형 촛대 안에 있는 그 많은 촛불을 끌 수 있단 말이오?"

하는 불평불만이 쏟아져 나왔어요.

"열흘의 시간을 드리지요. 열흘 동안 이 초들을 끄기 위한 도구 한 가지씩 가져와서 꺼 보시지요. 그럼 열흘 후에 뵙겠습니다."

페넬로페가 열흘의 시간을 준 것은 메넬라오스에게 도움을 청하러 간 텔레마커스가 충분히 돌아올 수 있는 시간이 열흘이었기 때문이에요. 그만큼 오디세우스는 치밀하게 전략을 짜 두었지요. 어차피 1년을 준들 근 10년 동안 술만 마시고 인생을 흥청망청 생각 없이 보냈던 그들은 풀 수 없는 문제였어요. 반면 오디세우스에게는 너무나 쉬운 문제였지요.

구혼자들은 입에 거품을 문 채 이런 시험을 왜 풀어야 하냐며 크게 떠들었어요. 하지만 그중 한 명이 이렇게 외치는 바람에 소란이 잠잠해졌지요.

"페넬로페와 약속하지 않았소? 이 시험이 아니라면 우리는 서로 자리를 차지하려고 싸우다 피를 봐야 할 수도 있소. 열흘이라는 시간이 있으니 이 문제를 어떻게 풀어야 할지 여기서 먹고 마시며 생각해 봅시다."

그러나 열흘이라는 시간을 준 것이 무색하게 어느 누구도 생각하려고 하지 않았어요. 그저 진탕 떠들며 먹고 마실 뿐이었지요. 그

것은 흡사 사람의 모습이 아니라 짐승들의 모습이었어요. 그런 가운데 오디세우스는 옆에서 조용히 창을 갈았지요.

텔레마커스가 5일 만에 대군을 끌고 돌아와 이타케의 외진 곳에 정박해 있다는 소식이 비밀리에 오디세우스와 페넬로페에게 전달되었어요. 드디어 모든 것이 준비된 것이지요. 오디세우스의 가슴에서 뜨거운 무언가가 끓어올랐어요. 20여 년의 긴 여정이 마지막에 다다르고 있었지요.

드디어 페넬로페가 약속한 그날이 되었어요. 열흘 동안 홀 안에 있던 구혼자들은 진탕 먹고 마시느라 문제는 생각도 하지 못하고 있었어요. 그냥 되는 대로 하면 되겠지 하는 맘 편한 생각이었지요. 그런 구혼자들 사이로 페넬로페가 걸어 나와 앞에 섰어요.

"모두들 열흘을 잘 보내셨나요? 제가 약속한 열흘이 지났으니 한 분이라도 시험에 통과하는 분이 계시리라 기대하겠습니다. 그럼 누가 제일 먼저 시작해 볼까요?"

홀의 중앙에는 거대한 둥그런 촛대에 200개의 촛불이 밝게 빛나고 있었어요.

"내가 제일 먼저 해 보겠소!"

구혼자 중 한 명이 나섰어요. 키가 제일 크고 건장한 키클롭스였지요. 키클롭스는 거대한 촛대의 한가운데 서서 크게 숨을 들이켜 배를 빵빵하게 한 후 잠시 멈췄어요. 입으로 불어 끌 생각이었던 거예요.

"후웃~~"

세찬 바람이 키클롭스의 입에서 나왔어요. 하지만 큰 숨으로 5초 안에 200개의 촛불을 끈다는 것은 말이 안 되는 것이었지요. 키클롭스는 구혼자들의 야유를 받으며 풀 죽은 모습으로 내려왔어요.

다음에는 트리옵스가 나섰어요. 그의 손에는 물이 담겨 있는 큰 포대 자루가 들려 있었어요. 페넬로페의 시작 신호와 함께 트리옵스는 촛대 옆에서 포대 자루에 있는 물을 힘껏 뿌렸지요. 일순 '성공인가?' 하고 모두가 착각할 정도로 한순간 촛불이 꺼진 듯했으나 다시금 타오르는 것이 반이었어요. 구혼자들이 차례차례 다양한 방법으로 촛불을 끄려 했으나 5초 안에 200개의 촛불을 끄는 것은 너무나 힘들었어요. 구혼자들은 이런 시험은 말도 안 되는 거라며 없던 일로 하자고 웅성거리기 시작했지요.

그때 홀 안의 한구석에서 얼굴까지 모자로 덮고 허름한 겉옷을 입은 한 남자가 일어섰어요. 너무나 옷이 남루하여 사람들의 모든 시선이 쏠렸음에도 그 남자는 성큼성큼 걸어 나와 원형 촛대의 중간에 섰지요. 그의 손에는 자기 키보다 큰, 창처럼 생긴 나무 봉이 들려 있었어요.

"하! 우리도 못했는데 저렇게 남루한 차림의 노인네가 할 수 있다고? 보아하니 풍채는 건장하고 우람하나 모든 일에는 나이를 못

속이는 법 아니오? 창피 당하지 말고 어서 내려오구려."

구혼자 중 한 명이 매우 불손한 태도로 말했어요. 그러나 남자는 그런 말에는 아랑곳하지 않고 페넬로페를 쳐다보았어요. 마치 시작 신호를 기다린다는 듯 뚫어지게 쳐다보았지요. 페넬로페는 눈을 맞추며 미소 띤 얼굴로 부드럽게 말하기 시작했어요.

"제가 열흘 전에 여기 계신 모든 분들은 다 시험에 응시할 수 있다고 말씀드렸지요? 이분 역시 당연히 어느 누구의 야유도 받지 않고 당당히 응시할 수 있습니다. 준비되셨으면 시작하셔도 됩니다."

그 남자는 페넬로페의 허락이 떨어지자마자 원형 촛대의 중앙에서 숨을 크게 쉬더니, 나무 봉을 양손으로 꽉 쥐고는 초를 향해 오른쪽으로 한 번, 왼쪽으로 한 번 크게 휘둘렀어요. 마치 나무 봉으로 초를 공격하는 것처럼 닿을락 말락 두 번을 휘둘렀지요. 그 순간 200여 개의 초가 순식간에 꺼지고 하얀 연기만 올라오기 시작했어요. 홀 안의 모든 이들이 깜짝 놀라 일어서서 확인하기 시작했지요. 자기 눈으로 보고도 믿을 수가 없었어요. 초의 끝만을 정확히 겨냥하여 휘두르는 곤봉술을 보니 사람의 모습이 아니었지요. 긴 정적을 깬 이는 조용히 자리에서 일어난 페넬로페였어요.

"제가 보고도 믿을 수 없군요. 하지만 약속은 약속, 5초가 아니라 눈 깜짝할 사이에 200개의 초를 끈 것은 여기 계신 모두가 보셨으니 이의가 없을 것이라 생각합니다. 나 페넬로페는 지금 이 사람과 결혼할 것입니다."

페넬로페의 말에 구혼자들은 저 사람이 속임수를 쓴 거라며, 다시 다른 시험으로 결정해야 한다고 아우성이었어요. 너무나 격렬한 항의에 페넬로페는 적잖이 당황했지요.

"속임수라고?"

중후한 목소리의 남자의 말에 모두의 눈이 쏠렸어요.

"허면 주인의 허락도 없이 10년이 넘는 세월 동안 내 집에서 먹고 마시고 한 당신들은 도둑놈들이겠군. 이제 내가 돌아왔으니 모두 소용히 돌아가 주었으면 하오. 이건 당신들을 위한 내 마지막 배려요."

남자가 모자를 벗으며 하는 말에 구혼자들 중에서도 눈치 빠른 자들은 그 남자가 바로 오디세우스임을 단박에 알아보았어요. 하지만 겁을 내기는커녕 웬 노인네가 쓸데없는 말을 한다는 듯 조소하기 시작했지요.

"아니, 주인이 없는 집을 우리가 지켜준 것도 모르고 고마움을 그렇게 표현해서야 되겠소? 하지만 지금 우린 당신이 어떻게 이 시험을 통과했는지, 조금의 속임수도 없었는지 알고 싶을 뿐이오."

오디세우스는 구혼자들의 야유에도 한 치의 흔들림 없이 말하기 시작했어요.

"여러분이 내 재산을 가지고 흥청망청 먹고 마시는 동안 나는 이 곳으로 돌아오기 위해 죽음을 각오한 모험을 헤쳐 왔소. 그럴 때마다 죽을 고비도 있었지만 나와 동료들은 생각에 생각을 더해 그 고비를 빠져나왔지. 그렇데 당신들은 어떻소? 그저 생각 없이 문제를 풀면 풀리는 대로, 못 풀면 못 풀리는 대로 쉽게 포기하지 않았소? 이 문제는 간단하오. 2000개의 촛불이 켜져 있더라도 난 5초 안에 끌 수 있었을 거요."

오디세우스의 말에 여기저기서 "뭐요? 그깟 문제를 못 풀었다고 우리를 무시하는 거요?" 하며 여럿이 달려들 것처럼 대꾸했어요. 오디세우스는 전혀 미동도 없이 말을 이었지요.

"여러분은 어린 시절에 이미 원의 중심, 반지름, 지름에 대해 배웠을 거요. 여기에 페넬로페가 아주 인심 좋게 원형 촛대의 원주가 1256cm라고 미리 알려주기까지 했소. 아! 혹시 원, 반지름, 지름, 원의 중심, 원주 등의 낱말들을 모르는 것은 아니겠지요?"

오디세우스의 질문에 구혼자 중 한 명이 일어나 나와서 벽에 그림을 그리며 말했어요.

"우리를 무시해도 너무 무시하는군. 원이라는 것은 원의 중심으로부터 같은 거리에 떨어져 있는 점들의 모임이오. 그럼 당연히 원의 중심에서부터 떨어진 거리는 반지름이 될 것이고 그의 두 배가 지름이오. 또한 원주는 원의 둘레의 길이가 되겠지. 그림을 보면

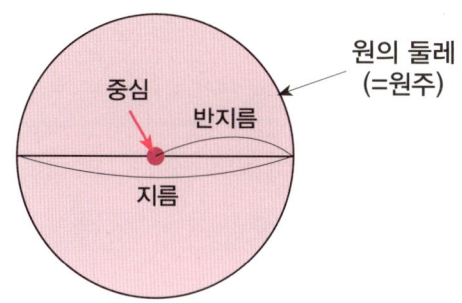

잘 알지 않겠소?"

 그림을 그리며 설명하는 그의 열정에 오디세우스는 미소를 띠며 대답했어요.

 "맞소. 잘 알고 있구려. 그럼 원주율이 얼마인지도 알고 있소?"

 "3.14요!"

 "아니오, $3\frac{1}{7}$ 이오!"

 "음, 나는 3.141이라 배웠는데……."

 구혼자들은 마치 자기가 아는 것이 최고라는 듯 경쟁하면서 답변했어요.

 "모두 맞소. 원주율이란 원주를 원의 지름으로 나눈 비를 말한다오. 모든 원은 원주÷지름을 해 보면 항상 공통적으로 약 $3\frac{1}{7}$ 의 값이 나온다오. 그것은 끝까지 똑떨어져 나누어지지 않기 때문에 간단히 3.14로 줄여서 쓰지요. 이처럼 원주율 3.14를 알고 있다면 [원주율=원주÷지름]의 식에 의해 촛대의 지름을 구할 수 있소.

 원주율=원주÷지름

원주=원주율×지름

지름=원주÷원주율

이므로 혹시 원주율이 3.14라면 이것은 1256cm÷3.14로 풀 수 있겠소. 그럼 지름이 얼마가 나오는지 누가 계산해 보겠소?"

"정확히 400cm가 나옵니다."

"그렇다면 지름은 400cm이니 반지름은 200cm, 서로 마주 보는 초끼리 이어 봐서 한 초에서 200cm 떨어진 곳이 바로 원의 중심이오. 그래서 나는 길이가 400cm 정도 되는 나무 봉을 준비해 와서 휘둘렀을 때의 큰 바람으로 촛불을 끌 수 있었소."

"그렇게 원에 대해 잘 알고 있다면 원형 촛대의 넓이도 구해 보시지."

비아냥거리는 말투에도 오디세우스는 냉철하게 화 한 번 내지 않고 설명하기 시작했어요.

"그것은 더욱 간단하오. 일반적으로 원을 이렇게 계속 잘라 이으면 가로의 길이가 원주의 $\frac{1}{2}$, 세로의 길이가 반지름인 직사각형이 될 것이오. 그럼

(원의 넓이) = 직사각형의 넓이

  = (직사각형의 가로)×(직사각형의 세로)

  = (원주의 $\frac{1}{2}$)×(반지름)

  = 지름×원주율×$\frac{1}{2}$×(반지름)

여기서 잠깐!

원의 넓이 구하는 방법

원을 다음과 같이 잘게 잘라 붙이면 직사각형과 비슷해집니다.

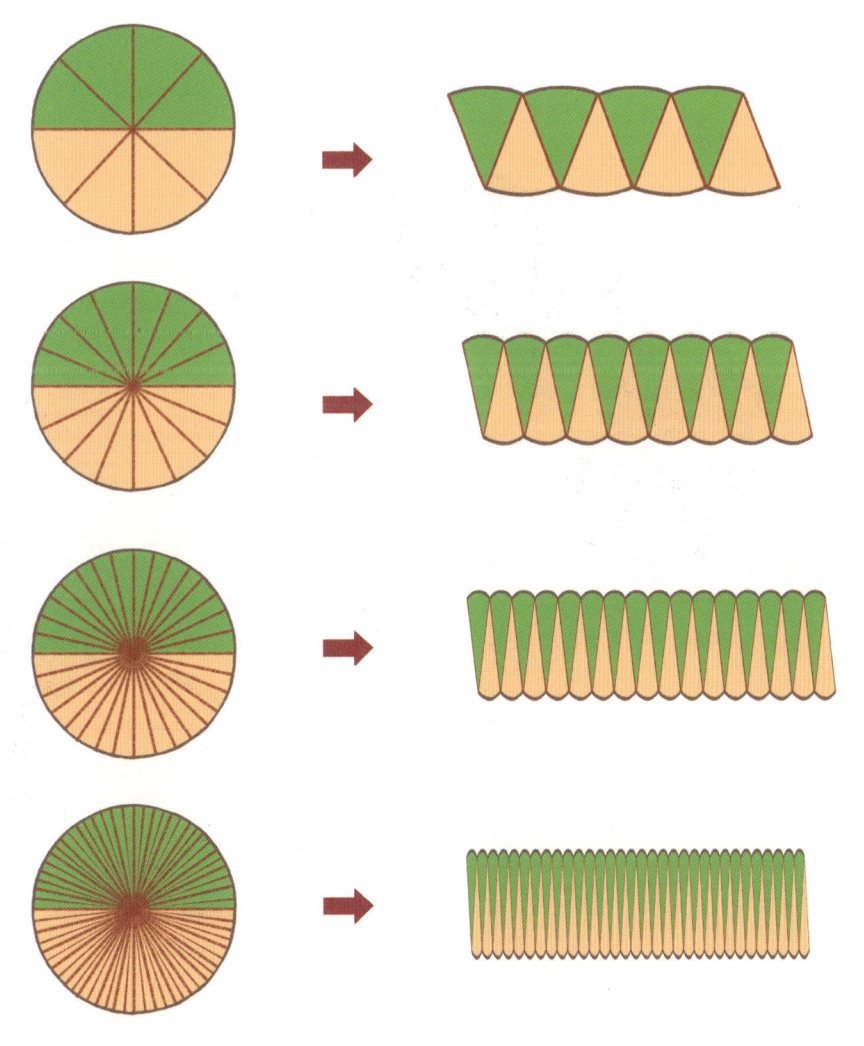

= (반지름) × 2 × 3.14 × $\frac{1}{2}$ × (반지름)
⇨ 원주율 = 3.14라면
= (반지름) × (반지름) × 3.14가 될 것이오."

오디세우스의 명쾌한 설명에 구혼자들은 모두 할 말을 잃었어요. 오디세우스의 설명에는 한 치의 눈속임도 없었지요. 모두 넋이 빠져나간 모습으로 오디세우스를 쳐다보자 오디세우스가 손가락을 까딱했어요. 바로 그 순간 텔레마커스가 만 명의 군사를 이끌고 문을 열고 들어왔어요. 오디세우스를 제외하고는 모두가 예상하지 못한 일이었지요.

여기서 잠깐!

컴퍼스를 이용해서 한 끝점을 고정시키고 다른 한 끝점을 한 바퀴 돌려보면 원이 그려집니다. 즉, 평면 위의 한 점에서 일정한 거리에 있는 점으로 이루어진 곡선을 원이라고 합니다.

원을 그릴 때 고정시킨 한 끝점을 바로 원의 중심이라고 합니다.

원의 중심과 원 위의 한 점을 이은 거리를 바로 원의 반지름이라고 하죠.

원 안에서 그을 수 있는 가장 긴 선분이면서 원의 중심을 지나는 선분을 바로 원의 지름이라고 합니다. 원의 지름은 원의 반지름의 2배입니다.

원의 둘레, 즉 원주를 원의 지름으로 나눈 비를 원주율이라고 합니다. 실제로 정확히 나누어 떨어지지 않기 때문에 원주율은 보통 약 3.14의 값을 갖는다고 씁니다. 초등학교 교과서에서는 3.14, 3, $\frac{22}{7}$, $3\frac{1}{7}$, 3.1 등 다양하게 표현하고 있지요.

"자, 이제 속임수가 아니라는 것도 밝혀졌고, 이곳의 주인이 나라는 것도 확실해졌소. 지금이라도 포기하고 돌아간다면 그동안의 잘잘못은 묻지 않을 것이오. 만약 순순히 돌아가지 않는다면 나는 끝까지 싸울 생각이오. 당연히 많은 피도 보겠지. 어떻게 하겠소?"

오디세우스의 흔들림 없는 경고에 구혼자들은 슬금슬금 뒷걸음질 치기 시작했어요. 오디세우스도 오디세우스지만 잘 훈련된 만 명의 군사들과 텔레마커스가 두려웠기 때문이지요. 한 사람도 남김없이 홀을 빠져나간 것을 확인하고서 오디세우스와 텔레마커스는 뜨거운 포옹을 나누었어요. 20년 전 오디세우스가 이타케를 떠

날 때 겨우 걸음을 떼었던 아기가 이렇게 장성했다니, 오디세우스는 페넬로페와 텔레마커스에게 고마운 마음뿐이었지요.

페넬로페는 드디어 안심하며 미소 띤 얼굴로 오디세우스에게 말했어요.

"오디세우스, 20년 동안 도대체 어떤 일을 겪었는지 나에게 숨김없이 말해 줘요. 너무나 보고 싶었던 당신에게 밤새도록 얘기를 듣고 싶어요."

페넬로페의 말에 오디세우스는 에우리마커스에게 찡긋 신호를 보내며 장난기 가득한 눈빛으로 대답했어요.

"페넬로페, 나의 모험을 얘기하자면 몇 날 며칠을 이야기해도 끝나지 않을 거요. 하지만 꼭 듣고 싶다면 이 문제를 풀 수 있어야 하는데……. 한 번 풀어 보겠소?"

"네? 오디세우스, 20년 만에 만나서 또 장난을 치시나요? 호호호……."

페넬로페의 웃음에 오디세우스는 안도의 한숨을 내쉬며 아들 텔레마커스, 유모 에우리클레이아, 영원한 벗 에우리마커스와 즐겁게 식사를 했어요.

여기서 오디세우스의 대장정은 막을 내렸답니다. 그들이 나중까지 행복하게 살았는지, 아닌지는 알 수 없어요. 다만 오디세우스는 포기를 모르는 남자라 어떤 어려움이 닥치더라도 꿋꿋이 헤쳐 나갔을 거라는 점만은 확실하답니다.

 **내용 정리**

+ 컴퍼스를 이용해서 한 끝점을 고정시키고 다른 한 끝점을 한 바퀴 돌려보면 원이 그려집니다. 즉, 평면 위의 한 점에서 일정한 거리에 있는 점으로 이루어진 곡선을 원이라고 합니다.
+ 원을 그릴 때 고정시킨 한 끝점을 바로 원의 중심이라고 합니다.
+ 원의 중심과 원 위의 한 점을 이은 거리를 바로 원의 반지름이라고 하죠.
+ 원 안에서 그을 수 있는 가장 긴 선분이면서 원의 중심을 지나는 선분을 바로 원의 지름이라고 합니다. 원의 지름은 원의 반지름의 2배입니다.
+ 원의 둘레, 즉 원주를 원의 지름으로 나눈 비를 원주율이라고 합니다. 실제로 정확히 나누어 떨어지지 않기 때문에 보통 원주율은 약 3.14의 값을 갖는다고 씁니다. 초등학교 교과서에서는 3.14, 3, $\frac{22}{7}$, $3\frac{1}{7}$, 3.1 등 다양하게 표현하고 있지요.

역사에서 수학 읽기

아르키메데스와 원주율(π)

원주율은 원의 둘레(원주)를 지름으로 나눈 비율로 π(파이)로 쓰기도 합니다. 실제 값은 3.141592……로 끝없이 이어지는, 나누어 딱 떨어지지 않는 무리수입니다. 역사적으로 많은 나라와 수학자, 철학자들이 원주율에 대해 관심이 많았어요. 특히 기원전 3세기 그리스의 수학자 아르키메데스는 원의 둘레를 정확히 재는 것이 불가능하다는 것을 알고 최대한 원과 가까운 다각형을 그려 그 둘레를 계산했습니다.

실제로 아르키메데스는 아래 그림처럼 원 둘레가 원 안에 딱 붙는 다각형의 둘레보다는 크고, 원 밖에 딱 붙는 다각형의 둘레보다는 작을 것이라고 생각하여 계산해 보았어요. 원과 최대한 가깝도록 많은 선분으로 이루어진 다각형을 생각한 것이죠. 아르키메데스는 이런 방법으로 원주율의 값을 소수 둘째 자리까지 정확히 알아내어 서양에서 최초로 3.14라는 값을 발견하게 됩니다.

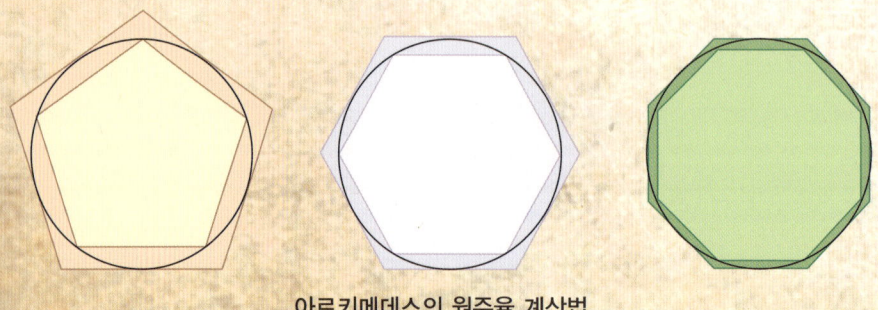

아르키메데스의 원주율 계산법

아르키메데스의 계산이 널리 알려져 있어 원주율을 아르키메데스 상수라고 부르기도 하며, 독일에서는 1600년대 루돌프 판 쾰런이 소수점 이하 35자리까지 원수율을 계산한 이후 루돌프 수라고 부르기도 한답니다.

아르키메데스